Franz Meurer

Glaube, Gott und Currywurst

Franz Meurer

Glaube, Gott und Currywurst

Unser Platz ist bei den Menschen

HERDER

FREIBURG · BASEL · WIEN

Die Bibeltexte sind entnommen aus:

Die Bibel. Die Heilige Schrift
des Alten und Neuen Bundes.
Vollständige deutsche Ausgabe   AΩ
© Verlag Herder, Freiburg im Breisgau 2005   DIE BIBEL

Satz: Röser Media, Karlsruhe
Herstellung: GGP Media GmbH, Pößneck

Printed in Germany

ISBN Print 978-3-451-39239-9
ISBN E-PUB 978-3-451-83840-8

Inhalt

Einleitung

Warum dieses Buch? Aus zwei Gründen.

Den ersten verdanke ich dem berühmten Soziologen Peter L. Berger. Er beschreibt Säkularisierung so: Früher mussten sich die Menschen vor den Kirchen rechtfertigen, heute müssen sich die Kirchen vor den Menschen rechtfertigen. Spätestens seit den Missbrauchsskandalen ist das sonnenklar. Wir Kirchenleute müssen zeigen, was es noch nützen kann, in der Kirche mitzumachen. Nur behaupten, dass es Sinn macht, funktioniert nicht mehr. Unsere Kinder in der Gemeinde fragen oft: „Ist es in echt?"

Also laden wir die Menschen ein, uns zu besuchen, wenn sie sehen und hören möchten, ob unsere Gemeinde funktioniert, den Menschen und Gott nützlich ist. Die Leute kommen in unseren Gottesdienst am Sonntagmorgen um 11 Uhr. Danach zeigen wir ihnen die Aktivitäten, von denen dieses Buch berichtet. Es gibt, das darf ich hier sagen, ziemlich viele, die kommen.

Der zweite Grund für dieses Buch steht im ersten Petrus-Brief der Bibel: „Seid stets bereit, jedem Rede und Antwort zu stehen, der nach der Hoffnung fragt, die euch erfüllt; aber antwortet bescheiden und ehrfürchtig, denn ihr habt ein reines Gewissen" (1 Petrus 3, 15-16). Die Freunde Jesu haben Briefe geschrieben, um zu informieren und Streit in den Gemeinden zu schlichten; Briefe waren damals die modernste Form der Kommunikation. Im Kern sind wir heute nicht viel weiter, auch wir müssen entweder selber schauen oder uns erzählen lassen, was läuft. Das geht per Film oder im Radio, im Internet oder mit diesem Buch.

Wer Bilder, Videos oder Radiosendungen schauen oder hören möchte, findet dazu Hinweise am Ende des Buches.

Dieses Buch betrachtet die Kirche in einem Stadtviertel: eine katholische Gemeinde in einem armen *Veedel* (Kölnisch, also Kölsch für Stadtviertel) in Köln, die intensiv mit der evangelischen Gemeinde, den Muslimen und den Menschen guten Willens zusammenhält. Geschildert wird, was funktioniert; weniger, was nicht klappt. Natürlich auch, was Probleme macht und wie Lösungsversuche aussehen.

Die großen Fragen, die in der katholischen Kirche in Deutschland anstehen, kommen erst am Ende des Buches vor: Weiheämter für Frauen, Zölibat, Demokratie. Warum? Weil sich Antworten am ehesten anbieten, wenn frau und man gelesen haben, wie sich der Alltag gestaltet. Der Heilige Franz von Sales hat klug gesagt: „Der Alltag ist der Weg zu Gott.“

Wie demokratisch muss die Gemeinde sein, um überhaupt zu funktionieren? Wie viel Macht haben die Frauen, die sich engagieren? Warum geht es ohne Ökumene gar nicht? Bei uns gilt der Spruch: „Ökumene ist doppelt so gut und halb so teuer.“ Im *Veedel* sind die Muslime die Mehrheit der gläubigen Menschen. Also ist die vertrauensvolle Zusammenarbeit mit der Moscheegemeinde ein Muss.

Zwei kleine Geschichten zu den großen Fragen sollen dennoch am Anfang stehen, weil sie zeigen, wie solche Probleme im Alltag der Gemeinde behandelt werden.

Frauen

Im Sommer 2019 lief in den katholischen Gemeinden in Deutschland die Aktion „Maria 2.0“. Die Idee kam von Frauen in einer Gemeinde in Münster. Eine Woche lang sollten die Frauen, die sonst das Gemeindeleben gestalten, streiken. Gesagt, getan. Also saßen auch bei uns viele Frauen am Sonntagmorgen vor der Kirche und blieben dort auch während der Heiligen Messe. Die Ehemänner übernahmen spontan einige der Aufgaben, zum Beispiel als „Greater" die Menschen freundlich an der Kirchentür zu begrüßen und ihnen die Gebetbücher zu überreichen. Andere setzten sich zu den Kommunionkindern, weil die Katechetinnen auch streikten. Wieder andere übernahmen den Küsterdienst.

Wie in Köln und überhaupt im Rheinland zu erwarten war, überlegte sich der Pastor, also ich, wie er die Frauen ein bisschen ärgern könnte. Zum Glück fiel ihm etwas ein. Da ja nun eine Woche lang Streik sei, müsse ja wohl auch am Montag das geplante Dankessen für die Katechetinnen der Kommunionkinder ausfallen. Schade, aber konsequent. Natürlich kam nun der erwartete Protest der streikenden Frauen, und alle Katechetinnen wurden zu Streikbrecherinnen. Punktsieg für die hierarchische Kirche!

„Maria 2.0" bezieht sich auf Maria Magdalena, die Jüngerin Jesu. Sie ist ein Vorbild für die streikenden Frauen. Sie ist es für die ganze Kirche. Warum?

Wegen ihrer Beförderung durch den Papst. *Upgrade,* dieses englische Wort kennen viele, die mit dem Flugzeug unterwegs sind. Man kommt in eine höhere Klasse, etwa durch Bonusmeilen. Im *Oxford Dictionary* wird es so erklärt: *raise to a higher standard or rank.* Genau dies ist der Heiligen Maria Magdalena passiert, deren Fest wir in der Kirche an jedem 10. Juni feiern. Papst Franziskus hat vor drei Jahren den vorherigen einfachen Gedenktag zum Fest erklärt. Er hebt sie also auf die gleiche Stufe wie die Apostel und begründet es damit, dass eine tiefere Reflexion über die Würde der Frauen in der Kirche nötig sei.

Papst Gregor der Große im 6. Jahrhundert und Thomas von Aquin im 13. Jahrhundert gingen noch weiter. Sie nannten

Maria Magdalena gar die „Apostelin der Apostel", also *Upgrade* auf den ersten Platz. Warum diese Hochachtung für diese Frau?

Maria Magdalena war der erste Mensch am leeren Grab Jesu. So berichtet es die Bibel. Sie war die erste Zeugin der Auferstehung Jesu. Ihr ist Jesus nach seiner Auferstehung als erstes erschienen. Sie denkt zunächst, es sei der Gärtner. Doch Jesus sagt: „Halte mich nicht fest, ich bin noch nicht zum Vater gegangen. Geh aber zu meinen Freunden und sag ihnen: Ich gehe zu meinem Vater und zu eurem Vater, zu meinem Gott und zu eurem Gott." Maria Magdalena macht es und verkündet den Jüngern: „Ich habe den Herrn gesehen." Es ist also eine Frau, der sich Jesus als Auferstandener als erster zeigt. Das kann man nicht toppen.

Nach alter Tradition kommt Maria von Magdala in der Bibel einige Male vor. Die neuere Bibelforschung sieht das nicht als sicher an, aber die Überlieferung ist einfach zu schön. Klar ist, dass Maria Magdalena Jesus auf seinem Weg begleitet. Sie gilt als die Sünderin, also Prostituierte, die Jesus die Füße wäscht und mit ihren Haaren abtrocknet. Dieses erotische Bild hat die Filmemacher natürlich gereizt, ein Liebesverhältnis mit Jesus in Szene zu setzen. Sie gilt als die Schwester des Lazarus, den Jesus aus dem Tod befreit. Und sie soll die Schwester von Marta sein, die sich beschwert, dass Maria ihr nicht im Haushalt bei der Bewirtung Jesu hilft. Schließlich steht sie mit Maria, der Mutter Jesu, und dem Jünger Johannes am Kreuz, als Jesus stirbt.

Ein Vorschlag: In fast jeder Kirche gibt es die Apostelleuchter, zwölf Kerzen für die Jünger Jesu. Müsste nicht eine dreizehnte dazukommen, am besten eine besonders große, für Maria Magdalena, die Apostelin der Apostel?!

Schwule

In der zweiten Geschichte geht es um Sexualität.

Jedes Jahr gibt es bei uns mehr als 40 sexualpädagogische Tage für Schülerinnen und Schüler – in den Räumen der Pfarrei, nicht in den Schulen. Die Jugendlichen sollen die Liebe lernen, am besten bei uns.

Jetzt geht es um Homosexualität. Fast zeitgleich mit der Aktion „Maria 2.0" hatte die *Süddeutsche Zeitung* berichtet, dass der Regens, also der Leiter unseres Priesterseminars im Erzbistum Köln, Homosexualität als narzisstische Persönlichkeitsstörung und als Krankheit bezeichnet habe. Aus persönlicher Kenntnis weiß ich, dass er ein sehr guter Pfarrer war, bevor er Regens wurde. Offensichtlich wurde er nach dem Peter-Prinzip dorthin befördert, wo er nicht mehr förderlich wirken konnte, weil er in Fragen der Sexualität Jahrzehnte der Zeit und der Wissenschaft hinterherlebte. Tragisch. „*Si tacuisses, philosophus mansisses*"; hätte er geschwiegen, wäre er ein weiser Mann geblieben.

Das von keiner Kenntnis getrübte Gerede war zu viel für unseren Pfarrgemeinderat. Zwei der Mitglieder sind offen homosexuell. Der eine lebt seit vielen Jahren mit dem evangelischen Pfarrer in unserem Stadtteil zusammen. Er ist vielfältig engagiert, zum Beispiel in unserer Kinderstadt im Sommer im Zelt der Kleinkinder oder als ehrenamtlicher Küster. Der andere ist Lektor, liest also die Lesungen und Fürbitten in der Heiligen Messe – außer im Karneval, der fünften Jahreszeit im Rheinland. Dann schlägt er die Trommel im Orchester der StattGarde, dem schwulen Karnevalsverein in Köln. Andere in der Pfarrei leben ihre sexuelle Veranlagung nicht öffentlich.

Die Ehrenamtlichen im Pfarrgemeinderat schrieben einen Brief an unseren Erzbischof, ausdrücklich keinen Offenen Brief, um den Bischof nicht unter Druck zu setzen. Sie teilten ihm die Sorge mit, dass homosexuelle Menschen ihre Heimat in der Kirche verlieren könnten. Uns Hauptamtliche wollten die gewählten Mitglieder des Pfarrgemeinderates raushalten, was ja nicht unklug war.

Als Signal in die Öffentlichkeit wurde eine Regenbogenfahne bestellt und am Fahnenmast vor der Kirche gehisst. Die Presse war eingeladen. Die Reaktionen vieler Menschen, egal welcher sexuellen Orientierung, zeigten dem Pfarrgemeinderat, wie wichtig es ist, dass sich Christen jedweder Diskriminierung entgegenstellen.

Vor gut 50 Jahren stürmte die Polizei in eine Schwulenbar in der Christopher Street in New York. Die Barbesucher wehrten sich. In der Folge entstand eine breite Bewegung. Und jedes Jahr wird weltweit der Christopher Street Day gefeiert mit Demonstrationen oder Paraden, auch hier in Köln.

Für die katholische Kirche ist Homosexualität kein leichtes Thema. Und viele werden jetzt vielleicht sagen: Ist deren Problem, nicht meins. Die Kirche hat in Sachen Sexualität *eh nix mehr* zu sagen.

So leicht kann und will ich mir das nicht machen. Denn ich bin Teil dieser Kirche und ich möchte, dass wir Katholiken da weiterkommen. Daher fasse ich mal kurz zusammen: Nach offizieller Lehre der Kirche muss ein Homosexueller gleich geachtet werden wie alle anderen, denn er oder sie ist Geschöpf Gottes. Jetzt kommt der Knackpunkt. Die Kirche sagt bis heute: Ein homosexueller Mensch darf seine Veranlagung nicht ausleben, erlaubt ist ihm nur, enthaltsam zu leben. Das wird kaum eine lesbische Frau oder ein schwuler Mann verstehen können. Warum darf ich nicht ausleben, was Gott in mir angelegt hat?

Nun sagt selbst Papst Franziskus, dass er nicht über die Sexualität von Menschen urteilen möchte. Aber: An der offiziellen Lehre hat er noch nichts geändert. Warum nicht? Wie kann die katholische Kirche da weiterkommen? Das muss sie – denn der Umgang mit der Homosexualität ist so etwas wie der Lackmustest für eine gute oder eine schlechte Religion. Schlecht ist sie, wenn die Religion das Leben verneint.

Das Ganze mag eher als ein Problem für den Binnenkreis der Theologen und der Bischöfe erscheinen, die Menschen, auch die allermeisten Katholiken, sind längst darüber hinweg. Aber in dieser Frage liegt der Hund begraben: Wie können wir unserer Tradition – und der Glaube der Kirche lebt von und durch die Tradition, dem Weitergeben der befreienden und guten Worte von Gott seit den Zeiten des Alten Testamentes und der Apostelin und Apostel – dennoch treu bleiben, selbst wenn wir Änderungsbedarf sehen? Kurz: Wie eine Lehre ändern, die bislang das Gegenteil besagt? Das ist das Dilemma, in dem auch der Papst steckt.

Helfen kann der Blick in die Geschichte. Und da ist glasklar: Die katholische Kirche kann durchaus ihre Lehre verändern. Vor gut zwanzig Jahren wurde der *Limbus* abgeschafft – auch so ein theologischer Fachbegriff, der aber nicht ohne ist. Dorthin, in den *Limbus,* sollten nämlich nach alter Kirchenlehre die ungetauften Kinder kommen. Papst Benedikt XVI. hat dies endlich abgeschafft. Jahrhundertelang meinte die Kirche, ohne Taufe sei der Himmel verschlossen. Thomas von Aquin, der große Theologe vor achthundert Jahren, hat sich mit der Frage beschäftigt, was passiert, wenn ein Kind in der Wüste geboren wird. Der Mann war mit sich am Ringen, der war ja kein Unmensch. Aber trotzdem kam Thomas von Aquin damals zu dem Schluss: Dort ist kein Wasser für die Taufe. Wenn das Kind stirbt, kommt es nicht in den Himmel. Sie merken: Logik und Treue zur Lehre kann manchmal ganz schön grausam sein. Stichwort: Lackmustest.

Die Kirche hat diesen jahrhundertealten Blödsinn abgeschafft, also kann sie auch ihre Lehre zur Homosexualität verändern. Hoffentlich bald.

Wem Kirche nützt

Wer die Kirche voll haben will, hat sie leer. Warum? Weil es das falsche Ziel ist.

Heiner Koch, der Erzbischof in Berlin, sagt es so: „Es darf uns als Kirche nicht in erster Linie um unsere Mitgliederzahlen gehen. Wir sind dazu da, die Frage nach Gott aufzuwerfen und wachzuhalten. Das geschieht auf vielerlei Weise: zuerst durch das Zeugnis der Menschen und die praktizierte Nächstenliebe, aber auch durch unsere Institutionen" *(Publik-Forum* 10/2016, S. 32).

Die Kirche hält die Frage nach Gott offen, wenn sie den Menschen dient. Dann ist sie nützlich. Das Produkt ist Service. „Unser Platz ist bei den Menschen" heißt der Untertitel dieses Buches, und das meint: Die Kirche ist für die Menschen da, nicht die Menschen für die Kirche.

Die Basisinstitution der Kirche ist die Pfarrei. Wann nützt sie den Menschen und damit auch Gott? Wie lässt sich feststellen, ob ein Projekt funktioniert, ob das Format stimmt? Wie kann man also den Erfolg messen?

Natürlich zuerst einmal einfach über die Teilnehmerzahl. Wenn sich keine Jugendlichen für die Vorbereitung zur Firmung anmelden, ist es für die Katz.

Früher war das wichtigste Kriterium der Erfolgsmessung die Höhe des Gottesdienstbesuchs am Sonntag. Im Jahr 1990 besuchten in Deutschland 6,2 Millionen katholische Christen am Sonntag die Heilige Messe, 2014 nur noch 2,6 Millionen, rund zehn Prozent.

Heute ist der Bedeutsamkeitsnachweis wichtiger als die bloße Teilnehmerzahl. Wie wirkt sich die Zeit der Erstkommunionvorbereitung für ein Kind aus? Was macht die Firmkatechese mit den Jugendlichen? Bei uns leben die jungen Menschen vor der Firmung acht Tage nicht zu Hause, sondern im Pfarrheim und der Kirche. Dazu später mehr. Wenn es den Heiligen Geist gibt, muss er in dieser Woche spürbar sein. Auch beim Putz- oder Küchendienst, nicht nur beim Gebet.

Zwei kleine Geschichten schildern nun, wie es in der Pfarrei klappen kann und wie nicht.

Unterm Föhn

Die erste ereignet sich im Schwimmbad. Frühmorgens öffnet unser Hallenbad um 6:30 Uhr. Um mich fit zu halten, fahre ich mit dem Rad hin, in vier Minuten bin ich da. Zuerst 60 Bahnen, dann Rückenstrahl und Sprudelbad. Joggen ist nichts für mich, davon bekomme ich dicke Knie. Wenn die Tageszeitung ein spannendes Thema hat, trinke ich am Morgen auch zuerst eine Tasse Kaffee, lese in der Zeitung und starte dann. Das geht nur, wenn morgens keine frühe Beerdigung ansteht.

Vor kurzem war ich wieder mal spät dran. Kinder der Grundschule hatten Schwimmunterricht, während wir Erwachsenen unsere Bahnen im abgesperrten Teil daneben zogen. Nach dem Duschen, Abtrocknen und Anziehen traf ich die Kinder in der Halle mit den Haarföhnen. Einige hatten kein Zehn-Cent-Stück für den Föhn, und ich verteilte ein paar, die ich immer auf Vorrat in der Hosentasche habe, wenn ich schwimmen fahre. Ein kleines Mädchen, viertes Schuljahr, strahlte mich an. Ich sagte: „Super, dass du schon schwimmen kannst!" Da sagte sie ganz stolz zu den andern Kindern: „Das ist mein Pfarrer." Darauf ein kleiner Junge: „Wo fährt er Dich denn hin?"

Woher sollte der Junge wissen, was ein Pfarrer ist? Bei uns in einem eher armen Viertel sind die meisten nicht katholisch oder evangelisch, sondern Muslime, Sikhs oder Jesiden, oder ohne Religion. So musste der Knirps „Fahrer" verstehen. Was ja völlig in Ordnung ist, er interessierte sich eben für die Beziehung, die das Mädchen ansprach. Irgendwie ist ja auch „Fahrer" und „Pfarrer" das Gleiche. Beide bringen die Kinder voran, begleiten sie auf ihrem Weg, sind unterwegs auf ein Ziel hin.

Das kleine Mädchen fragte mich dann noch: „Wann ist nochmal der Gottesdienst am Sonntag?" Bei uns um 11 Uhr, eine gute Zeit, damit die Familien und alle andern vorher ausschlafen und gemeinsam frühstücken können. Ich sagte ihr die Zeit, erwartete aber nicht, dass sie am nächsten Sonntag kommen werde. Sie war auch nicht da, vielleicht ja demnächst einmal.

Doch darauf kommt es nicht an. Mehr als ein Jahr nach ihrer Erstkommunion hat sie stolz ihren Pfarrer präsentiert. Zum Gottesdienst hat sie wohl nur noch Kontakt durch die Schulgottesdienste und durch den Gottesdienst in unserer Kinderstadt in den Sommerferien mit 600 Kindern. Hier sind praktisch alle Kinder aus dem Viertel dabei, natürlich ökumenisch organisiert.

Im Schwimmbad zeigte sich: unsere Beziehung trägt, auch wenn wir uns nur selten begegnen.

Fußpflegerat

Die zweite Geschichte erzählt vom Rat der Fußpflegerin. Ein Anruf am Nachmittag. Eine junge Frau möchte eine „Traufe", also eine kirchliche Trauung mit der Taufe des Babys des Paares. Die Familie wohnt in einem kleinen Ort im Speckgürtel der Großstadt. Die junge Mutter war früher einmal Messdienerin und bittet nun um die Sakramente der Taufe und der Ehe.

An ihrem neuen Wohnort erhielt sie vom Diakon, der Hochzeit und Taufe begleiten sollte, die Auskunft, es dürften nur Lieder aus dem Gotteslob, dem offiziellen katholischen Gebet- und Liederbuch, gesungen werden. Sie wünscht jedoch, dass ihr Lieblingslied bei der Hochzeit gesungen wird. Fehlanzeige.

So telefoniert sie nach einem Pfarrer oder Diakon, der das gut findet. Die Fußpflegerin der Mutter hatte sie an mich verwiesen. Leider kann ich am gewünschten Termin nicht, da ich schon bei zwei Hochzeiten an diesem Tag den Brautpaaren assistiere. Trauen, also das Sakrament spenden, machen die Paare ja gegenseitig. Diakon oder Priester sind nur Assistenten.

Was kaum einer weiß: Eine kirchliche, katholische Trauung kann sogar vor dem Standesbeamten geschehen. Dann assistiert der eben. Öfter geschieht sie ja bei einer konfessionsverschiedenen Ehe in einer evangelischen Kirche. Dann muss nicht unbedingt ein katholischer Geistlicher dabei sein. Für das Sakrament der Liebe zwischen den beiden braucht es keinen Priester oder Diakon. Eine Trauung vor dem Standesbeamten mit Sakramentenspendung kommt natürlich selten vor. In 43 Jahren als Priester habe ich es einmal erlebt. Das Paar wollte feierlich in der Kirche heiraten, da starb plötzlich der Vater der Braut. An eine Feier war nicht zu denken. Beide wollten sich aber das Sakrament vor Gott spenden. Das geschah dann im kleinen Rahmen vor der Standesbeamtin.

Wie konnte ich nun der jungen Frau mit der „Traufe" helfen? In Köln gibt es zum Glück drei spezielle Traukirchen, die auf die Wünsche der Paare eingehen. Im Internet: www.meinetraukirche.de. Die drei Kirchen bieten jeweils Gottesdienste mit verschiedener Gestaltung an: eher traditionell oder ernst und feierlich oder eher modern. Die Trauung ist ja wohl das individuellste, persönlichste Sakrament. Deshalb muss unbedingt auf die Wünsche der Brautpaare für die Gestaltung eingegangen werden, finde ich. Hier gilt ein altes Sprichwort: Wer nicht mit der Zeit geht, geht mit der Zeit. Und die Brautpaare gehen weg. Schade!

Warum ist es sehr wichtig, auf die Wünsche der Menschen als Seelsorger einzugehen? Man könnte ja auch sagen: So sind hier die Regeln, basta!

Die Antwort geben die ersten beiden Sätze des Katechismus der katholischen Kirche: „Gott ist in sich vollkommen und glücklich. In einem aus reiner Güte gefassten Ratschluss hat er den Menschen aus freiem Willen erschaffen, damit dieser an seinem glückseligen Leben teilhabe." Gott will uns glücklich machen – das ist seine Perspektive!

Das kann er nicht allein, er braucht uns Menschen. In dieser Welt hat er unsere Nase, unsere Augen, unsere Hände, unser Hirn, unser Herz, unsere Füße, um reinzuriechen, anzupacken, mitzufühlen, hinzugehen, aufzuhelfen, mitzudenken.

Damit wir es kapieren, schickt der Vater den Sohn in die Welt. Er macht uns vor, wie wir gut und glücklich leben können. Nicht gegeneinander, sondern füreinander; nicht ohneeinander, sondern miteinander; nicht nebeneinander, sondern beieinander. Jesus kommt nicht zur Inspektion in unsere Welt, nicht um zu kontrollieren, wie es läuft. Er wird ganz Mensch und macht alles mit, was es in unserem Menschenleben gibt. Damit wir am glückseligen Leben Gottes teilnehmen können für immer, stirbt der Gottessohn auch unseren Tod.

Warum sind es die Armen und Bedrängten im Besonderen, an deren Schicksal wir Christen teilnehmen? Weil es auf die Perspektive ankommt.

Bei der Synode – der Versammlung von geweihten und nicht geweihten Christ*innen zur gemeinsamen Beratung der Gegenwarts- und Zukunftsfragen – des Bistums Trier wurde festgestellt: Das Evangelium ist vom Rand her besser zu verstehen als im Zentrum! Jesus selbst preist die Armen glücklich in seinen Seligpreisungen. Oft sind es im Evangelium die scheinbar weit vom Zentrum Entfernten, die verstehen, was Jesus will, etwa der Barmherzige Samariter oder die Frau am Jakobsbrunnen. Papst Franziskus fordert nachdrücklich dazu auf, an die Ränder zu gehen. Nicht nur, um dort gute Werke zu tun, sondern um den Blick frei zu bekommen für das Evangelium. Das am besten nicht mit „Frohe Botschaft" übersetzt wird, sondern mit „Botschaft vom Guten" (das schlägt der Theologe Christoph Theobald vor).

Currywurst

In seiner Botschaft zum Weltmissionssonntag im Oktober 2015 schreibt unser Papst: „Wen soll die Verkündigung des Evangeliums bevorzugen? Die Antwort ist klar, und wir finden sie im Evangelium selbst: es sind die Armen, die Kleinen, die Kranken, diejenigen, die oft verachtet und vergessen werden, diejenigen, die es nicht vergelten können (vgl. Lukasevangelium 14,13-14)." Für sie muss Kirche nützlich sein.

Die Pastorin Sandra Bils aus der Landeskirche Hannover hat beim Abschlussgottesdienst des Evangelischen Kirchentages im Dortmunder Westfalenstadion sich für die Erneuerung der Kirche – bestimmt hat sie nicht nur ihre evangelische gemeint – ausgesprochen. Sie regte an, neue Ideen und Visionen zu entwickeln, und sagte: „Vielleicht zeigt sich das in neuen Formen von Kirche: Kirche als rollende Frittenbude – Glaube, Liebe, Currywurst." Der Spruch tauchte natürlich in allen Medienberichten über den Gottesdienst auf. Die Pastorin hat ihn aber auch begründet, und das stand nicht überall: „Wenn ich verstehe, dass alles Gnade und Geschenk ist, dann gehe ich mit dem Geschenkten auch großzügig um." Genau! Weil uns alles geschenkt ist, wollen wir in unserem *Veedel* auch großzügig sein. Mit Pommes und Würsten. Mit Liedern im Gottesdienst. Mit dem, was Menschen mögen und eine Gemeinde und eine Gemeinschaft ihnen darüber hinaus geben kann. Mit Solidarität. Mit allen Menschen, die der Herrgott sehr verschieden erschaffen hat, und deshalb auch mit uns selbst.

1. Ein Ort

Sonntagmorgen. Früher Sommer. Sonniges, warmes Wetter. Das wird ein schöner Tag! Die Familie frühstückt, wie jeden Sonntag – und nur an diesem Tag ist das möglich – gemeinsam. „Gleich müssen wir los zur Kirche", sagt der Vater. Die Tochter, neun Jahre alt, protestiert: „Schon wieder?! Papa, du hast aber versprochen, wenn das Wetter schön ist, gehen wir ins Schwimmbad!" Vor ein paar Wochen, am Sonntag nach Ostern, feierte sie ihre Erstkommunion. Die Familie hatte sich in der Vorbereitungszeit den sonntäglichen Kirchgang zur Gewohnheit gemacht. Im Gottesdienst wurden die Kinder und die Familien immer wieder mit Liedern, in Predigt und Predigtgespräch, mit besonderen Elementen einbezogen. Auch die Eltern fanden das gut. Deshalb folgten sie gerne der Bitte des Pfarrers, als Familie gemeinsam an den Sonntagsmessen teilzunehmen zur Vorbereitung auf das Fest. Das war vorbei.

An so einem schönen Sonntag im frühen Sommer habe ich im Gottesdienst, der lange nicht so gut besucht war wie in der Zeit vor der Erstkommunion, die Predigt ungefähr so angefangen: In der Wüste Sinai haben Archäologen in einer Höhle kürzlich einen Fund gemacht. In einem Tongefäß steckte tatsächlich eine Papyrusrolle. Sie berichtet über das Leben der Heiligen Familie. Unglaublich! Endlich erfahren wir etwas über das Leben Jesu als Kind mit seinen Eltern. Eines Tages, steht da, sagte der Jesusknabe zu seinem Vater: „Papa, das ist unfair! Du hast versprochen, wenn an einem Sabbat die Sonne richtig scheint, gehen wir an den Strand und schwimmen im Meer. Und jetzt scheint die Sonne, aber du willst schon wieder in den Tempel!" Und, so ist zu lesen, Josef, der ein gottesfürchtiger Mann war und die Gesetze achtete, gab seinem Sohn etwas widerwillig nach, er hatte es ihm nun mal in einem schwachen Moment versprochen. Maria aber lächelte still, während sie die Badesachen in den Korb legte.

Warum habe ich diesen Blödsinn erzählt? Um den treuen Gottesdienstbesuchern und mir selbst nahezubringen, warum bald nach dem Erstkommuniontag die meisten Kinder und ihre Familien am Sonntagmorgen nicht mehr in der Kirche sind. Sie machen Pause. Mehr als ein halbes Jahr waren sie jeden Sonntag zuerst im Gottesdienst und anschließend beim Gemeindetreff. Jetzt ist mal Zeit für andere Aktivitäten, für Familienausflüge, Sport, Besuche bei der entfernt lebenden Oma.

Im Herbst füllt sich die Kirche wieder, nicht nur wegen der neuen Kommunionkinder und ihrer Familien. Der Männerchor will in einer Heiligen Messe singen, der Karnevalsverein gedenkt zu Sessionbeginn in einem Gottesdienst seiner Verstorbenen. Bei den Erwachsenen stellt sich mit zunehmendem Alter am Ende des Sommers eine herbstliche Nachdenklichkeit ein und lässt sie Besinnung suchen im Gottesdienst. Und auch die Zwölfjährige, die früher mit ihrer Familie jahrein, jahraus jeden Sonntag in der Kirche war, sich seit dem Frühling aber nicht mehr blicken ließ, taucht wieder auf. Sie hat ihr Talent und ihre Leidenschaft für Fußball entdeckt und ist ein halbes Jahr jeden Sonntagmorgen mit ihrem Verein bei Heimspielen und unterwegs. Ihr geht es richtig gut damit. Sollte ich allen Ernstes versuchen, ihr das Fußballspielen auszureden, gar auf die Treue zu Gott verweisen, damit sie dem Gottesdienst den Vorzug gibt? Sie hat gute Erfahrungen mit der Kirche gemacht, wegen ihrer positiven Erinnerungen kommt sie ja jetzt im späten Herbst wieder. Sie vor die Alternative zu stellen, Gott oder Fußball, würde ihre gute Beziehung zu Gott, der sie aus der Kindheit in ihre Jugend und ihr Erwachsenenleben als freier

Mensch begleiten möchte, zerreißen. „Antifußballer" ist keine Beschreibung für Gott.

Ein Dienst

Der Sonntag ist für den Menschen da, nicht umgekehrt. Das gilt nicht nur für den geschützten, weitgehend freien Tag als gemeinsames kulturelles Gut einer Gesellschaft, die an diesem Tag privat sein darf für Familie und Verwandte, Freundschaften, Vereine, Kultur und Sport, für freie Zeit. Das gilt auch für den sonntäglichen Gottesdienst. Der ja ein Dienst ist von Gott (und außerdem von Menschen) an Menschen. Und es gilt für die gesamte Kirche, die ja eine sonntägliche Gemeinschaft ist: für die Menschen da. Ein Dienstleister.

Dass Familien sonntags an sich denken – Was tut uns jetzt gut? –, finde ich normal. Auch, dass sie Pausen machen vom Gottesdienstbesuch. Für viele Familien ist der Gottesdienst ein Angebot neben anderen. Die Teilnahme geschieht ab und zu oder in einem Block wie während der Erstkommunionvorbereitung oder zu Advent und Weihnachten. Eine unserer Katechetinnen brachte es auf den Punkt: „Ein halbes Jahr gehört dem Herrgott, wenn ich jeden Sonntag mit den Kommunionkindern in der Heiligen Messe bin und mich einmal in der Woche mit ihnen treffe. Das andere halbe Jahr gehört der Familie; dann gehen wir nur manchmal in die Kirche." Unglaube, Pflichtvergessenheit und Egoismus reden so nicht! Im Gegenteil: Mir scheint, die Katechetin weiß, worauf es im Leben ankommt.

Auch die Kinder und die Familien, die Pausen machen vom Gottesdienst, halten weiter Kontakt zur Kirche. Mehr als die Hälfte unserer Kommunionkinder geht nach der Erstkommunion in die angebotenen Gruppen der Pfadfinder, Messdiener, der Katholischen Jungen Gemeinde (KjG) oder in den Kinderchor. Im Sommer nehmen einige am Zeltlager der Pfadfinder teil. Fast alle sehe ich wieder in unserer Kinderstadt, drei Wochen lang in den Sommerferien, da treffen sich 600 Kinder aus unserem *Veedel* Tag für Tag bei einem nahen kleinen Wald, spielen, machen sinnvolle Sachen, haben viel Spaß, beten miteinander. Mehr an Einbindung der Kinder kann ich mir kaum vorstellen. Mehr gab es auch früher nicht.

Fast überall sind bei diesen Angeboten für Kinder auch Erwachsene engagiert. Besonders bei der ökumenischen Sommer-Kinderstadt: sie kochen, bauen Zelte auf, sorgen für Wasser und Strom, kümmern sich um die sanitären Anlagen, bieten Programme an, bewachen die Zeltstadt in den Nächten. Da werden sie zu Dienstleistern für die Kinder, haben selber Spaß dabei, die allermeisten beten auch mit bei den gemeinsamen Gebeten, da bin ich sicher. Das heißt nicht, dass diese vielen Ehrenamtlichen alle Gottesdienstbesucher wären in unseren Kirchen, und immer mehr sind auch weder katholisch noch evangelisch, sondern Muslime oder was anderes oder ohne eingetragenes Bekenntnis. Aber keine und keiner hat etwas dagegen, dass die beiden Kirchen im *Veedel* Jahr für Jahr dieses Ereignis für die Kinder initiieren, und sie machen mit, damit es gelingt. Es tut ihnen und uns allen gut.

Manche von ihnen sehe ich an ganz bestimmten Tagen im Jahr in der Kirche. Sie gehören zu einem Verein. Ein guter Schützenbruder zum Beispiel geht drei Mal im Jahr zur Kirche: beim Schützenfest, beim Fest des Vereinspatrons, des heiligen Sebastian, und an Fronleichnam, wenn die Schützen in der Prozession das Allerheiligste, die geweihte Hostie im Schaugefäß, der Monstranz, begleiten. Fast vergessen: Ein viertes Mal sehe ich sie, wenn sie am Erstkommuniontag die Kinder vom Pfarrsaal zur Kirche begleiten und zurück, Schützen geben eben Schutz. Es tut den Kindern gut. Und den Schützen.

Andere sehe ich wieder, wenn die Kirche zu ihnen kommt. Einmal im Jahr, im Herbst, ist Vingster Kirmes. Die wird von drei Ortsvereinen organisiert. Es gibt einen Rummelplatz mit Fahrgeschäften. Am Sonntagmorgen ist die Heilige Messe auf der Fläche des Autoscooters. So stehen die Bierbänke für die vielen Gäste unter einem Dach, und der Altar ist bei ihnen. Zu diesem Gottesdienst kommen auch viele Ältere und Familien, die weggezogen sind. Da es in unserem Viertel keine freien Flächen für Neubauten von Eigenheimen gibt, sind alle, die es zu einem Haus gebracht haben, im Laufe der Jahre fortgezogen. Zur Kirmes kommen sie zurück, um ihre Verwandten und Freunde zu besuchen, um „Heimat" zu erleben. Sie kommen zum Gottesdienst. Der Männerchor und der Kirchenchor singen zur Feier des Tages. Kirche, Autoscooter, Chöre, Heimweh, Wiedersehensfreude, simples Vergnügen … alles gehört zusammen an diesem Tag. Tut gut.

Nach dem Gottesdienst gibt es für alle Kinder fünf Euro Kirmesgeld und eine Portion Fritten am „Frittenpalast". Ein Ehepaar von der anderen Rheinseite sammelt dafür jede Woche fünf Euro, mittlerweile sogar zweimal fünf, für Frau und Mann. Das wird zwar wieder nicht für alle Kinder reichen, ist aber ein erklecklicher Grundstock.

Wir machen am Sonntag keine Zielgruppengottesdienste, also speziell für Jugendliche, Kinder, ältere Menschen, junge Erwachsene, von der Kirche Enttäuschte, Geschiedene … Das ist woanders sicher sinnvoll. Wir verstehen uns als Kirche vor Ort. In einem eher armen Viertel einer großen Stadt. Unser Ziel ist, dass sich im Gottesdienst jede und jeder willkommen fühlen kann. Natürlich auch Familien mit kleinen Kindern, die nie stören. Für die Kinder gibt es hinten in der Kirche ein Regal mit Büchern. Die können sie mit nach Hause nehmen, sie können darin aber auch während des Gottesdienstes blättern und die Bilder betrachten.

Mitmachen

Unsere Kirche ist eine Mitmach-Kirche. Jeder Gottesdienst-besucher kann auf die Fragen eingehen, die Pastoralreferen-ten, Katechet*innen, der Pastor stellen, und besonders Kinder melden sich gern, aber nicht nur sie. Ebenso kann sich melden, wer meint, dass etwas Falsches gesagt wurde. Vor dem Segen am Schluss kommen alle, die etwas ankündigen möchten, ans Mikrofon. Das macht nicht der Pastor, sondern jede*r für ihre und seine Veranstaltung. Manche sind dabei sehr kreativ, die Jugendlichen bringen zur Ankündigung ihres Weihnachts-baumverkaufs gleich einen schönen Baum mit zum Altar. Der Kindermesskreis bereitet einmal im Monat die Sonntagsmesse vor, aber nicht nur für Kinder, sondern für die ganze Gemein-de. Da wir einen genialen Organisten und Musiker haben, sin-gen verschiedene Chöre in verschiedenen Stilen und Genres. Manchmal auch ein spontan gebildetes Terzett. Oder es erklingt eine Flöte oder eine Trompete. Der Hit ist ein älterer Herr, der ab und zu ein Lied auf seiner Mundharmonika begleitet; das finden die Kinder toll. Manchmal tragen selbst die Kinder aus den Kindergärten ein Lied vor oder Fürbitten, manchmal spie-len Erwachsene etwas vor. Immer für alle.

Die Basis der Kirche ist Diakonie. Unter der Kirche, im Basement, befinden sich eine Fahrradwerkstatt, eine Kleider-kammer, eine Lebensmittelausgabe. In einem Jahr konnten wir mehr als 1000 Fahrräder, gespendet und repariert, an Flüchtlinge und Familien mit Kindern ausgeben. Im Querriegel der Kirche gibt es eine Wand von fünfzig Metern Länge und Nordlicht von oben: ideal für Ausstellungen. Jeden Monat ist dort eine andere Kunst zu sehen. Unser Kunstkreis organisiert alles selbstständig, junge Künstler erhalten eine gute Chance. Die Presse berichtet ausführlich. Auch eine muslimische Künstlerin stellte ihre Fotos aus, sie hat Frauen aufgenommen, aber nicht als Porträts wie üblich, sondern von hinten, abgewandte Personen, und damit einen eigenen Blick auf sie und ihre Situation eröffnet.

Nach dem Sonntagsgottesdienst, etwa um 12 Uhr, ist der wöchentliche Treffpunkt der Gemeinde. Hier sind Mitglieder von Pfarrgemeinderat und Kirchenvorstand anzutreffen, die Mitarbeiter der Kirchengemeinde, natürlich auch der Pastor. Menschen in Not wissen, dass sie zu dieser Stunde Hilfe bekommen können. Eigentlich sollten sie unter der Woche die Öffnungszeiten von Kleiderkammer und Lebensmittelausgabe, von Beratungsdiensten und Pfarrbüro nutzen, aber Not kennt nun mal kein Gebot. Also stehen beim Gemeindetreff immer auch ein paar Lebensmitteltüten der Aktion „Der Sack" bereit, die wir erhalten. Auch kleine Scheine wechseln die Besitzer. Da sehr viele ehren- und hauptamtliche Mitarbeiter da sind, lassen sich viele Fragen vieler Menschen schnell beantworten. Die Messdiener versammeln sich, versorgen sich mit Kakao, Wasser, Kaffee und Kuchen und haben offenbar viel zu bereden. Sie stehen immer alle vor dem Café, rein kommen sie nie. Die Pfadfinder sind da und die KjG. Zweimal im Jahr kommt eine Familie, die längst woanders wohnt, hier aber Freunde von früher treffen möchte und bei der Gelegenheit in der Kleiderkammer gleich ein paar Sachen für die Kinder aussucht. Ich vermute, dass sie an ihrem neuen Wohnort nicht zum Gottesdienst geht, weiß es aber nicht. Junge Erwachsene kommen, manche sporadisch. Wer auch immer kommt, soll Gastfreundschaft erleben. Deshalb gibt es die beiden Kaffeeautomaten für Cappuccino, Espresso, Kaffee, die Tassen sind vorgewärmt, es gibt Kuchen, ab und zu Überraschungen: Pommes, Nürnberger Würstchen oder, im Sommer, Eis, natürlich alles unentgeltlich; es gibt einen Waffelautomaten, in dem in die Waffeln ein Holzstiel eingebacken wird – die Kinder finden das voll cool –, auf den Tischen stehen frische Blumen, dekoriert wird entsprechend der Jahreszeit, Biertische und -bänke sind einfach, aber sie sind ordentlich lackiert, einige Bänke mit Lehne, dazu einige einfache Stühle. Hier zu sein: tut gut.

Der Gottesdienst ist eine Pause im Alltag. Keiner glaubt mehr, er komme in die Hölle, wenn er sonntags in einer anderen Form Pause macht. Wenn das Format des Gottesdienstes, also Gestaltung und Atmosphäre stimmig sind, dann kommen die Menschen. Aber nicht immer. Sondern dann, wenn es zu ihrem Leben passt und ihnen gut tut.

Auch für die Gottesdienste gilt: Der Service muss stimmen. Also ist von den Menschen her zu denken, von ihren Situationen, ihrem Alltag her und ihrem Bedarf nach einer sinnvollen und für sie „schönen" Pause vom Alltag. Für manche ältere Menschen ist der Wochentagsgottesdienst ein wichtiger Ort des Trostes mit dem Gefühl der Geborgenheit bei Gott. Von den Menschen her gedacht ergeben sich die Gottesdienste: als Dienste.

Tür auf

Manchmal müssen wir – gern! – unsere Kirche für Versammlungen anderer Menschen öffnen, für die sie eigentlich nicht gedacht war. So war bei uns der „Papst" der Jesiden, um seinen geflohenen und verfolgten Gläubigen Trost und Zuversicht zu vermitteln. Er hat bei dieser Gelegenheit ein Moralgebot der jesidischen Gemeinschaft umgedreht: Sollten früher Frauen, die vor oder außerhalb der Ehe sexuelle Beziehungen hatten, verurteilt und schwer bestraft werden, gilt nun, nach den schrecklichen Vergewaltigungen im Krieg, das Gegenteil: Frauen sollen Aufnahme, Hilfe und Zuspruch erfahren. Wir waren stolz, dass dies in unserer Kirche geschah! Das war gute Religion. Vorher war es uns in Gesprächen mit der Friedhofsgärtnergenossenschaft und der Stadt gelungen, ein eigenes Begräbnisfeld für Jesiden auf einem Friedhof einzurichten, wo sie nach den Regeln ihrer Religion bestatten können.

Die Schüler der Gesamtschule suchten einen Raum für ihre schulische Abschlussfeier. Die Gesamtschule hat eine Aula für 500 Personen. Es dürfen aber nur 200 hinein, weil Brandschutz und Fluchtwege nicht ausreichend sind. Eine Schülerdelegation kam zur Besichtigung unserer Kirche, dem einzigen größeren Raum im Viertel, auch die evangelische Kirche ist zu klein. Zwei Tage später nehmen sie unsere Einladung an: Ja, wir kommen. Die meisten der Jugendlichen, die kommen, sind Muslime. Wir freuen uns. Küche und Kirchencafé stehen natürlich auch zur Verfügung. Wir sehen unser Kirchengebäude nicht als unser exklusives Katholikeneigentum, sondern als öffentlichen Raum, der allen Menschen guten Willens gehört und ihnen dienen kann. Die Hauptschule im Viertel hat gar keine Aula. Klar, dass sie in unserer Kirche willkommen ist. Unlängst füllte die Gemeinschaftsgrundschule die Kirche. Ihre Projektwoche hatte das Thema „Zirkus". Die Aufführungen, die den Eltern zeigten, was die Schüler eine Woche lang erarbeitet und eingeübt hatten, begeisterten alle, besonders die vielen muslimischen Eltern.

Glück braucht einen Ort. Um Pause vom Alltag zu machen, braucht es einen Ort. Der kann das Schwimmbad sein, vielleicht auch das Fitnessstudio, aber auch die Kirche. Sie kann Menschen zusammenbringen und ihnen ein nützlicher Ort sein: durch Gastfreundschaft. Die gut tut.

2. Das Menschenhaus

Am 13. April 1992 war ein Erdbeben im Rheinland. Die Kirche St. Theodor in Köln-Vingst wurde durchgerüttelt. Weil sie nach dem Krieg mit kargen Mitteln und teilweise in Eigenhilfe wieder aufgebaut worden war, bildeten sich breite Risse in Bögen und Wänden. 1994 war leider klar: Sie muss abgerissen werden.

Das Erzbistum entschied sich für einen Neubau mit Architektenwettbewerb, nachdem der Kirchensteuerrat vor Ort die Lage geprüft hatte. 162 Architekten machten Modelle und Pläne, Paul Böhm aus der berühmten Architektenfamilie (Gottfried und Dominikus Böhm) gewann.

Die neue, runde Kirche umarmt den alten Turm, der stehen bleiben konnte. Ein Querriegel öffnet die Kirche hin zu Räumen für Bibliothek, Versammlung und Feier. Auf das Dach kann man um den Bau der Kirche hinaufsteigen, entlang den Stationen eines Kreuzwegs. Vom Dach aus sieht man den Kölner Dom. Im Keller der Kirche sind die sozialen Einrichtungen der Gemeinde untergebracht, alle ehrenamtlich organisiert: Lebensmittelausgabe, Kleiderkammer, Gemeindewerkstatt, Beratung.

Das Gebäude

Der Kirchenbau folgt dem Prinzip der Bauhaus-Architektur: *Form follows function.* Die Form ergibt sich aus der Funktion. So stellt das Gebäude die vier Bereiche des Glaubenslebens dar, nicht symbolisch, sondern in der Wirkung, „in echt", und gibt so dem Geist des Zweiten Vatikanischen Konzils eine sichtbare Kontur in unserem Viertel:

Basis der Kirche ist im übertragenen wie hier im konkreten Sinn die *Diakonie,* der Keller mit 870 qm für Caritas und Solidarität. Bei jeder Weihe einer katholischen Kirche wird gebetet, dass hier der Ort ist, an dem sich die Christen um die Armen kümmern. Neuere Forschungen der Archäologie haben ergeben, dass viele Kirchen der Antike zwei Räume hatten: der eine für die Liturgie, der andere für die Armenhilfe.

Der runde Kirchenraum darüber ist Ort der *Liturgie.* Die Mitte der Kirche, das Zentrum mit dem Allerheiligsten, dem Brot der Eucharistie im alten Turm, ist das Lob Gottes in der Gemeinschaft der Gemeinde.

Ausdruck und Folge des Gottesdienstes ist der Zusammenhalt der Menschen, die *Koinonie*: Im Querriegel direkt am runden Zentrum des Liturgieraums sind Cafeteria, Bücherei, Galerie, Toiletten und eine Kunstwand von 50 Meter Länge untergebracht. An der Kunstwand zeigen Künstler, oft am Anfang ihres beruflichen Wirkens, ihre Werke in wechselnden Ausstellungen. Sie tragen damit zum geistigen Leben der Gemeinde bei und zum Austausch der Gemeinde mit Kunst und Gesellschaft.

Das Glaubenszeugnis nach außen, die *Martyrie*, manifestiert sich im Turm. Unser Turm steht fest verbunden in der Basis und im Zentrum der Kirche, er verweist im Viertel auf das Lob Gottes und den Dienst an den Menschen. Das ist für viele, die geistige und soziale Hilfe suchen, ein eindeutiger Wegweiser. Der Turm ist der älteste Teil der Kirche. Zu ihm hinauf geht es den Kreuzweg entlang – das Glaubenszeugnis ist also nicht ohne die Begegnung mit dem Leid und dem Elend, auch nicht ohne den Blick auf die Stadt und ihre Menschen möglich.

Am 16. März 2002 war die Kirchweihe. Das lange Weihegebet des Bischofs bei der Kirchenweihe endet so: „Hier erklinge der freudige Lobgesang, hier vereine sich die Stimme der Menschen mit den Chören des Himmels, und das Gebet für das Heil der Welt steige allezeit empor vor dein Angesicht. Hier mögen die Armen Barmherzigkeit finden, die Bedrückten die Freiheit und jeder Mensch die Würde deiner Kindschaft. Nach dieser Zeit aber lass uns alle jubelnd einziehn in das himmlische Jerusalem.'"

Für Besucherinnen oder Besucher der Kirche empfiehlt sich, die Kirche von unten nach oben zu erkunden und zu begehen, dann bekommen sie alles, was Kirche ausmacht, im Zusammenhang zu sehen. In den Diakonie-Keller führt sogar eine große Rampe für Transportfahrzeuge hinab, aus dem Keller geht es über eine Treppe direkt in den Kirchenraum darüber, von da barrierefrei in die Räume für die Gemeinde-Gemeinschaft und von da außen über eine lange geschwungene Rampe am Kreuzweg vorbei aufs Dach. Da sieht der Besucher sogleich, wofür diese Kirche ist: für Vingst und seine Menschen, und in der Ferne der hohe Dom für die ganze Stadt und das Land drum herum.

Die Kirche ist also der Ort der Diakonie, der Freiheit und der Menschenwürde. In unserer Kirche ist das keine Behauptung, sondern basale Realität, eben nach dem Bauhaus-Prinzip: *form follows function.*

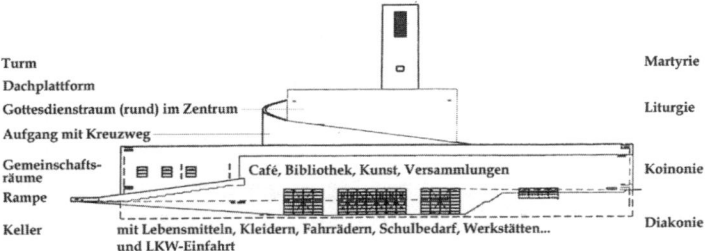

33

Die Basis

Die Zeichnung zeigt das große Basement, es hat verschiedene Räume. In jedem wirkt ein ehrenamtliches Team in Eigenverantwortung. Die Angebote von Kleidung sind getrennt zwischen Erwachsenen und Kindern. Den Kleiderladen für Erwachsene betreibt ein eingetragener Verein. Dies ist gut, weil hier zwei Stunden in der Woche auch Kleidung zum kleinen Preis verkauft wird anstatt kostenlos abgegeben. Manche mögen es, etwas für kleines Geld zu kaufen, beschenkt fühlen sich einige leicht beschämt. Der Verein verantwortet die Einnahmen gegenüber den Behörden, so dass sich für die Pfarrei nie steuerliche Probleme ergeben. Außerhalb der Verkaufszeit steht die Kleidung auch für unentgeltliche Nothilfe zur Verfügung. Die Einnahmen des Vereins werden für Aufgaben der Caritas verwandt.

Für Kinder ist ausnahmslos alles ohne Bezahlung. Dies gilt auch für die Fahrräder, die natürlich reißenden Absatz finden. Pro Jahr repariert ein Flüchtling, Ingenieur aus Syrien, tatsächlich 2.500 Räder, wir erhalten die gebrauchten Räder selbst geschenkt.

Die Kinderkammer verschenkt nicht nur Kleidung, sondern auch Kinderwagen, -betten, alles fürs Kind. Die „Goldenen Jungs", ein noch junger Verein junger Unternehmer in Köln, die Karnevalstradition mit sozialen Projekten verbinden, schenken uns zum Glück jedes Jahr 300 hochwertige Schulranzen für die Kinder im Viertel. Auf unserem Gabelstapler in der sozialen Basisstation erwerben junge Menschen den „Flurförderfahrzeugführerschein" (ein Wort mit vier „f"!).

In den Werkstätten für Holz und Metall sind Rentner tätig. Sie arbeiten nicht nur für die Pfarrei, sondern auch für Schulen,

Kindergärten und Initiativen im Stadtviertel. Ihr Motto: Wer sich für die Kinder einsetzt, dem helfen wir. Also der Rektorin, die sich Bänke wünscht, der Kita-Leiterin, die die Dreiräder der Kinder repariert bekommt. Natürlich leimen sie auch der alten Dame den Stuhl, der wackelt.

Im Advent gibt es ein „Geschenkebüfett". Nicht für die Kinder, sondern für deren Eltern werden auf langen Tischen viele Spielsachen, Bücher, Schmusetiere, Puppen usw. aufgebaut, damit sie ihre Kinder zu Weihnachten überraschen können. Wir beschenken also nicht die Kinder, sondern unterstützen die Eltern, die wenig Geld für Geschenke haben.

In einem Raum im Basement lagern neben Holz und Metall mehr als 100 robuste Weihnachtssterne, die Männergruppen im Advent an die Straßenlaternen hängen, jeweils mit 21 LED-Lichtern. Eine andere Gruppe stellt 40 Weihnachtsbäume in den Straßen und vor den Schulen auf. Kinder aus den Kitas und Schulen schmücken die Bäume.

In der großen Halle werden in den Wochen vor Karneval Karnevalswagen gebaut. Hier sind auch die Aktionstage der Kommunionkinder. Manchmal auch Feiern; der Raum ist für einige so attraktiv wie eine alte Industriehalle. Jeden Dienstag fahren die Wagen der Kölner Tafel hinein und laden die Lebensmittel für die Ausgabe im Trockenen aus, die dann direkt in den Lebensmittelraum transportiert werden.

Im alten Pfarrhaus gegenüber der Kirche ist „HöVi-online" in Trägerschaft der Katholischen Jugendwerke. Hier finden Jugendliche beim Berufseinstieg oder bei Arbeitslosigkeit Beratung und Unterstützung. Neben der Kirche ist ein Tiefbunker aus dem Zweiten Weltkrieg. Die Bundesvermögensverwaltung war wohl froh, dass wir ihn übernommen haben. So gibt es Lagerraum, etwa für die Pfadfinder oder die Kinderstadt. Allerdings sind Lagerräume schnell voll, wir müssen einmal im Jahr ausmisten. Aber: Was man heute wegwirft, benötigt man morgen. Ein dauerndes Dilemma, nicht sehr tragisch.

Küche und Kühlhaus sind unverzichtbar für die Bewirtungen. Jeden Freitag backt eine kundige Dame dort Kuchen, möglichst mit Zutaten, welche die Kölner Tafel brachte. So habe ich zum ersten Mal Bananenblechkuchen gegessen, köstlich! Nach der Fronleichnamsprozession liefert das Küchenteam Fritten für alle, die Kinder sagen: die besten im ganzen Jahr! Denn der Frittenmeister backt in stundenlanger Arbeit alle vor und wirft sie dann kurz vor dem Verzehr ein zweites Mal in die Fritteuse. Wie so oft bei uns: Es kommt auf die Kleinigkeiten an! Wenn Gruppen und Vereine aus dem *Veedel* in unserem Pfarrsaal feiern, können sie natürlich die Küche benutzen.

Im Basement lagern auch die Geräte und Maschinen, die das HöVi-Team bei der Pflege der Grünflächen und Beete im Stadtteil einsetzt. Vor der Arbeit frühstücken alle gemeinsam am großen Tisch in der Kinderkammer.

Im Basement der Kirche sind die Türen von Montag bis Freitag ab 8 Uhr geöffnet. Immer sind ehrenamtliche Teams da und mit irgendetwas beschäftigt. Kurz nach Acht gibt es Frühstück für alle.

Die Kirchentüren darüber sind nicht offen. Wer in die Kirche hinein will, nimmt den Weg über das Basement. Eine Öffnung ohne Bewachung geht in unserem Stadtteil leider nicht. Allerdings wissen die Menschen, dass die Kirchentür auch jeweils eine halbe Stunde vor und nach den Gottesdiensten offen steht.

Die runde Kirche mit dem großen Basement der Diakonie habe ich nach der Kirchweihe als „mütterliche Kirche" bezeichnet. Das wurde hier und da in den Zeitungen, dann im „Hohlspiegel" des Wochenmagazins *Der Spiegel* zitiert. Offensichtlich hatte die Redaktion nicht verstanden, wie zutreffend das ist. Papst Johannes Paul I. hätte es sicher freudig vernommen. Der vorvorletzte Papst starb 33 Tage nach seiner Wahl an einem Herzinfarkt. In den 33 Tagen hat er einen wunderbaren Satz gesagt: „Gott ist wie ein Vater, noch mehr ist er wie eine Mutter." Also ist er wie das Väterliche, Männliche in uns allen, egal ob wir Frau oder Mann sind: Power, Projekt, Profil, Profit. Noch mehr aber ist er wie das Mütterliche, Frauliche in uns allen: die „Mutter" in uns und ihm versteht alles, hat immer Zeit; die Tür zu ihrem Haus steht offen, der Tisch ist gedeckt, es gibt immer etwas zu essen.

Geneigte Balken

Das Kreuz in der Kirche unterstreicht diese Anmutung. Ein senkrecht hängender Holzbalken von knapp vier Meter Länge beugt sich nach vorne. Er trägt einen Querbalken. Die beiden Holzstücke regen den religiösen Akt im Kopf der Betrachtenden an. Die meisten, ob Muslim oder Christ, assoziieren eine Person, die sich nach vorne beugt, sich zuwendet. Ein Muslim mag denken: Allah ist Barmherzigkeit, oder er denkt daran, was das arabische Wort Islam bedeutet: Hingabe. So sagen es uns muslimische Jugendliche bei Kirchenbesichtigungen oder multireligiösen Feiern. Christen denken an das Kreuz Jesu, empfinden dann aber ähnlich: Da beugt sich einer mir zu, da nimmt mich jemand wahr, da neigt sich eine Person zu mir.

Das alte Wort Gnade hat den gleichen Wortstamm wie neigen. G und N, von altdeutsch *genada,* sich bücken. Wenn man also von der Gnade Gottes spricht, meint man das, was das Kreuz ausdrückt und was bei der Fußwaschung an Gründonnerstag geschieht. Jesus macht sich klein und sagt: „Ein Beispiel habe ich euch gegeben, damit auch ihr tut, was ich an euch getan habe" (Johannesevangelium 13,15).

Kindermund tut Wahrheit kund, lautet ein altbekanntes Sprichwort. Über die Kirche St. Theodor gibt es einen Kinderführer, der in der Kirche ausliegt, der letzte Kaplan, den wir hatten, hat ihn zusammen mit Grundschulkindern gestaltet. Darin gibt es eine Seite über das Kreuz, auf der ein Junge schreibt: „Ein Kreuz hängt in jeder Kirche und zeigt, wie Jesus gestorben ist. Das Kreuz in St. Theodor sieht so aus, als ob es sich zu dir herunter neigt. Das ist ein Zeichen dafür, dass Jesus uns entgegen kommt und uns liebt. Die Holzbalken für das Kreuz wurden vom Pastor in Frankreich gefunden. Er hat sich gedacht: ‚Daraus kann man prima ein Kreuz machen.' So ist es entstanden."

Warum habe ich die zwei Holzbalken aus Südfrankreich mitgebracht? Nun, erstens bekam ich sie geschenkt von den Bewohnern von Bardou, einem einst verlassenen Dorf im Département Hérault im Süden Frankreichs. Dort haben wir vor bald 50 Jahren mit Jugendgruppen beim Renovieren der alten Stein- und Holzhäuser geholfen, das Dorf wurde wieder besiedelt. Zweitens hatte der gebogene Balken einmal genau die Funktion, deren Fehlen unserer alten Kirche beim Erdbeben zum Verhängnis wurde. Der Balken, den es so in vielen alten Häusern gibt, soll nämlich die Last des Daches auf die Mauern leiten! Beim Kölner Dom dienen die äußeren Strebewerke diesem Zweck, bei modernen Bauten wird heute ein Ringbalken betoniert, zur Not werden in alten Kirchen auch noch Drahtseile verspannt. All dies hatte St. Theodor nicht.

Und drittens ging der längere Balken bis auf zwei Zentimeter genau in unseren Kleinbus, bis knapp vor die Frontscheibe. Allerdings hatte ich zunächst gar nicht daran gedacht, dass daraus ein Kreuz für das Innere unserer Kirche werden könnte.

Ich finde es auch falsch, wenn ein Pfarrer die Kirche ausstattet oder möbliert. Das ist Aufgabe des Pfarrgemeinderates in Zusammenarbeit mit dem Kirchenvorstand und im Gespräch mit der Gemeinde.

So hängte ich die zwei Balken als Erinnerung an unser Engagement in Bardou außen an die hohe Mauer der Sakristei, die nach dem Abriss der Kirche noch stehengeblieben war als Obdach für Kleiderkammer und Werkstatt. Damit sich keiner wehtat, zog ich das Kreuz über eine Rolle alleine mit der Anhängerkupplung unseres VW-Busses in die Höhe.

Was geschah nun? Offensichtlich verstanden die Gläubigen bald, dass dieses einfache Kreuz an der Kirchenruine ausdrückte, was Jesus und uns verbindet: die *caritas*. „... dass Jesus uns entgegen kommt und uns liebt". So wuchs allgemein der Wunsch, das Kreuz in der neuen Kirche aufzuhängen. Ich vermute, dass dies dem Architekten Paul Böhm zunächst nicht ganz so recht war, da er aber ein sehr lieber Mensch ist, hat er es akzeptiert.

Neben dem Kinderkirchenführer gibt es auch einen für Erwachsene. Und für Kinder wie Erwachsene liegen Bastelbögen aller vier Kirchen, die es in unserer Pfarrei gab und gibt, aus. Zwei wurden abgerissen: eine kleine Kapelle 1936 vor dem Bau der alten Kirche St. Theodor, diese dann 1996. Unsere zweite Kirche, St. Elisabeth in Höhenberg, wurde 1910 im neugotischen Stil eingeweiht. Sie ist viel einfacher aus Pappe zu basteln als St. Theodor mit dem Rundbau, dem Querriegel und auch noch kleinen Steigungen von je sechs Prozent vorne und hinten, damit die Toreinfahrt von der Rampe ins Basement der Kirche hoch genug für Lastwagen gebaut werden konnte.

Bastelbögen der Kirchen in Köln-Höhenberg und Köln-Vingst,
Foto: Pfarrei St. Theodor und St. Elisabeth, Köln

Die Bastelbögen bieten ein haptisches Erlebnis der Kirchen,
handgreiflich. Sozusagen baut man die Kirche mit. Gerne nehmen die Kinder nach Kirchenführungen mit ihren Schulklassen
die Bögen mit. Manche Lehrerinnen und Lehrer lassen sie dann
die Bastelei im Unterricht machen. Wer die Kirche zusammen-
geklebt hat, ist eine Baumeisterin und ein Baumeister. Dass die
Kirche auch aus lebendigen Steinen erbaut wird, ist dann der
nächste Schritt der Partizipation: vom Bauwerk aus Stein zum
lebendigen der Gemeinde.

Lebendige Steine

Der Architekt Paul Böhm hat die Idee, Flächen für Kunstaus-
stellungen und ein Cafe einzuplanen, genial im Querriegel der
Kirche umgesetzt. Die Kunstwand misst 50 Meter, mit Nord-

licht von oben. Das begeistert die Künstler*innen. Inzwischen gab es mehr als 120 Ausstellungen. Wir laden nicht die Etablierten ein, sondern bieten Raum für Künstler*innen, die noch nicht von Galerien vertreten werden. Sie hängen selbst auf. Eine Versicherung gibt es nicht. Allerdings ein schönes Catering und eine gute Berichterstattung in der Presse. Das finden die Ausstellenden attraktiv.

Zwei Ausstellungen haben mich besonders bewegt. Zum einen haben Lehrerinnen und Lehrer unserer Hauptschule ihre Kunstwerke für die Schülerinnen und Schüler vorgestellt. Also nicht die Jugendlichen haben ihre Werke präsentiert, sondern die Erwachsenen haben den jungen Menschen gezeigt, wie sie künstlerisch zentrale Fragen des Lebens bearbeitet haben. So wächst Vertrauen in der Schulgemeinde. Zum andern hat eine junge Frau ihre künstlerische Entwicklung entlang ihres Lebensweges präsentiert. Angefangen mit den Krickelzeichnungen als Kleinkind über die Pubertät mit ihren Ausdrucksformen bis zur Reifung als Frau. Welche Künstlerin oder welcher Künstler macht das schon!

Bevor die Kirche von Erzbischof Meisner geweiht wurde, standen im Kirchencafé schon zwei Profi-Kaffeemaschinen und ein Gerät, das die Tassen anwärmt. Nach dem Motto: Wo es arm ist, darf es nicht ärmlich sein! Was für alle ist, muss das Beste sein.

Ein Wunsch von mir ging nicht in Erfüllung. Ich wollte mindestens fünf, besser sieben Toiletten im Querriegel der Kirche. Es kamen drei, weitere fünf allerdings im Basement unter der Kirche. Heute sagen manche: Hätten wir doch auf Sie gehört! Denn zumeist wollen ja am Ende des Gottesdienstes oder bei Orgelkonzerten viele gleichzeitig zum WC. Meine Antwort ist dann lakonisch: Ihr hört ja auch heute selten auf mich! Ihr könnt Euch ja bessern!

Das flache Dach der Kirche nutzen wir nur ab und zu. Am Palmsonntag beginnt dort die Palmprozession, mit den Palmstöcken der Kinder und einem Esel auf Rädern. In der Silvesternacht oder beim Fest „Rhein in Flammen" gehen Leute hinauf, um das Feuerwerk zu betrachten. Manchmal übernachten Pfadfinder dort oben. Am langen Treppenaufgang ist unser Kreuzweg an Betonstelen angebracht, ein bescheidenes Kunstwerk aus Metallplatten von 30x30 Zentimetern. Einige Male gingen wir dort den Kreuzweg in der Fastenzeit.

Der Theodor

Bei Kirchenführungen stelle ich gerne eine Rätselfrage: Was in der Kirche ist 1.700 Jahre alt? Zweimal haben es schon Hauptschüler durch Nachdenken herausgefunden, Erwachsene sehr selten. Es ist ein Stückchen vom Nasenbein des Heiligen Theodor, unseres Pfarrpatrons. Er lebte kurz vor der Konstantinischen Wende und starb im Jahr 306 als Märtyrer. Zuerst hat er die Christen verfolgt, nach seiner Bekehrung soll er dann die heidnischen Tempel angezündet haben. Kein angenehmer Heiliger. Außen auf dem Wohnhaus für die Mitarbeiterinnen, das der Pfarrei gehört, ist er über drei Meter groß mit Schwert und Lanze dargestellt, leider keine Botschaft des Friedens. Zum Glück ist die Fassadenkunst im Außenputz in der zweiten und dritten Etage aufgemalt, sodass nur wenige Menschen sie wahrnehmen.

Den Schädel des Heiligen soll es auf der Erde elfmal geben. Einer in Venedig, denn vor dem Heiligen Markus war Theodor der Patron der Stadt. Ein weiterer Schädel liegt auch in Much im Bergischen Land in der Nähe von Köln. Von diesem Schädel in einem silbernen Behälter durfte der Arzt Dr. Knöchelmann (er heißt wirklich so!) ein Stück vom Nasenbein in Anwesenheit von Weihbischof Klaus Dick entnehmen. Dieses Stückchen ist nun in einem Reliquiar in der Kirche enthalten und spannt den zeitlichen Bogen über die Jahrhunderte in den Neubau.

3. Mit Kindern

Ein Freund hat drei Töchter. Die älteste wusste schon mit neun Jahren, dass es Gott nicht geben könnte. Also wollte sie nicht an der Vorbereitung zur Erstkommunion teilnehmen. Die Eltern respektierten natürlich diese Sicht. Der Vater war wahrscheinlich traurig, denn er ist praktizierender Katholik, die Mutter nicht. Die zwei kleineren Töchter, Zwillinge, ärgerten mit fünf Jahren die große neunjährige Schwester vor dem Kirchgang, sie sagten ihr bei der Auswahl der Sonntagsgarderobe: „Wir machen uns jetzt schön für Gott."

Warum nahm die große Schwester dann doch noch an der Erstkommunion teil? Die Pfarrei hat einen sehr guten Pastoralreferenten. Per Mail nahm er Kontakt mit dem Mädchen auf. Die Mails gingen hin und her. Ergebnis: Das Mädchen nahm an der Kommunionvorbereitung teil, um sich dieser Erfahrung zu stellen und zu prüfen, ob es Gott doch geben könnte. Inzwischen ist sie dreizehn Jahre alt und wieder der Meinung, dass Gott nicht existiert.

Die Zwillinge gingen kürzlich zur Ersten Heiligen Kommunion. Danach wurden sie Messdienerinnen. Es ist eine moderne Familie. Zwei, die Mutter und die ältere Schwester, können nicht an Gott glauben. Drei, der Vater und die Zwillinge, praktizieren ihren Glauben.

Es zeigt sich, dass der Glaube ein Geschenk ist. Man kann ihn weder verordnen noch sicher vermitteln. Was möglich ist, haben die französischen Bischöfe auf den Begriff gebracht: *„proposer la foi"*, den Glauben vorschlagen, vorlegen. Wichtig ist das Klima, in dem das geschieht. Eine Atmosphäre, in der Freiheit und Vernunft zu Hause sind. Die ältere Tochter hat bei ihrer Erstkommunion erfahren, dass sich die Eltern vieler Kinder bei der Vorbereitung engagieren. Auch Männer haben, neben vielen Frauen, als Katecheten mitgemacht, was sehr selten ist. Für die Kommunionfeier haben die Eltern ein Orchester zusammengestellt, um den Kindern ein schönes Fest zu gestalten.

Erstaunliches hat eine wissenschaftliche Langzeitstudie herausgefunden. Auch wenn die Kommunionkindervorbereitung in Deutschland im Durchschnitt nur dreißig Stunden dauert, verteilt über Monate, ist die Wirkung doch enorm. Noch nach Jahren erinnern die Kinder die zentralen Inhalte: die Botschaft vom guten Gott, von der Vergebung der Schuld, von der Gegenwart Gottes in einer frohen Gemeinschaft. Offensichtlich spüren die Kinder, dass ihnen etwas Gutes widerfährt.

Schatzkiste

Bei uns beginnt die Vorbereitung der Kinder auf die Erstkommunion an einem Sonntag im November. Zwei Menschen tragen eine Schatzkiste vor den Altar, eine Holzkiste mit halbrundem Deckel, wie früher die Truhen für die Aussteuer. Die Gemeindereferentin oder der Pfarrer sagt: „In dieser Schatzkiste ist das Wertvollste drin, was es auf der Welt gibt! Was ist drin?" Ein kleines Mädchen in der dritten Bank ruft spontan „Gold!" Nein, kein Gold. Viele rätseln nun mit. Ist es Luft, Wasser, Aktien oder gar die Bibel? Frauen meinen oft, es sei die Liebe.

Der Deckel öffnet sich. Aus der Kiste strahlt ein Kind. „In echt."

Die Botschaft ist klar: Jedes Kind ist mehr wert als alles Gold der Welt. Es ist unser Job als Erwachsene, dies zu vermitteln und umzusetzen. „Was ist eure Aufgabe als Kinder?", fragt nun die oder der Gottesdienstleiter/in. Kommunion kommt von *communio*, Gemeinschaft. Wer zur Heiligen Kommunion gehen will, muss also auf Mobbing verzichten. Die Kinder kennen alle den Begriff. Es ist der soziale Tod mitten im Leben, wenn einer ausgeschlossen wird: „Hau ab, du stinkst, du spielst nicht mit." Es ist die Auferstehung mitten im Leben, wenn jemand hört: „Komm her, mach mit, hier ist der Ball." Das verstehen die Kinder sofort.

Nun kommt eine Abstimmung: „Wer ist dafür, dass bei uns keiner ausgegrenzt wird in der Vorbereitungszeit?" Es ist wie im staatlichen Sozialismus, alle Finger gehen hoch. Nur reicht die gute Absicht nicht. Eine Kultur des Miteinanders und der gegenseitigen Rücksichtnahme gilt es praktisch zu leben. Dabei sind die scheinbaren Kleinigkeiten wichtig.

Alle Kinder machen gerne etwas im Gottesdienst. Doch viele scheuen sich zuerst, etwas vorzulesen, weil sie meinen, sie könnten es nicht so gut. Gerade in unserem recht armen Stadtteil stimmt das ja auch, weil viele Eltern den Kindern nicht vorlesen und sie lieber vor den Fernseher setzen. Also sagt der Pastor oder die Gemeindereferentin, dass sie hinter den Kindern stehend immer mitlesen, ins Ohr. Und sie machen es vor. Im Übrigen sei ja nach der Abstimmung zum Mobbing klar, dass wir niemanden auslachen, nur anlachen, jede und jeder soll also so vorlesen, wie er oder sie es kann.

Förderlich ist das Vorbild der Erwachsenen. Beim Eröffnungsgottesdienst treten alle ehrenamtlichen Katechet*innen nacheinander ans Mikrofon und erklären, warum sie mitmachen und was sie von den Kindern und ihren Eltern erwarten. Die Erwachsenen machen vor, wie Beteiligung funktioniert. Später spielen sie auch kleine Szenen vor den Kindern beim Gottesdienst oder in den Aktionstagen an Wochenenden. Kinder finden toll, wenn Erwachsene ihnen etwas vorspielen. Es motiviert enorm zum Nachzumachen.

Eine Kleinigkeit führt dazu, dass immer mehr Kinder eine Fürbitte im Gottesdienst vorlesen möchten, als möglich ist. Acht Fürbitten gibt es. Die Vorleser*innen können sie nicht aussuchen, sondern der Pastor oder die Katechetin fächert die Blätter auf, die leere Seite den Kindern zugewandt. Dann können die Kinder ein Blatt mit der Bitte ziehen. Dieser kleine Blödsinn begeistert die Kinder. Manche kommen extra früh in die Kirche, um einen Text zu erwischen.

Dickes Ei

Wichtig ist eine andere kleine Sache. Wenn die Kinder auf Fragen im Gottesdienst antworten sollen, gehen wir nicht mit dem Funkmikrofon zu den Kindern in den Bänken. Die Kinder kommen nach vorne vor den Altar und drehen sich der Gemeinde zu. Dann sprechen sie ins Standmikro, oder sie bekommen das Funkmikro in die Hand. Diese Bühnensituation schenkt enormes Selbstvertrauen. Vor allem, weil es ja keine falschen Antworten geben kann, bei denen die Leute lachen – im Sinne von Auslachen. Manchmal gibt es bei besonders pfiffigen Antworten auch Beifall, zum Beispiel beim Gottesdienst am Ostersonntag. Unser „Dickes Ei" von über zwei Metern Höhe rollt vor den Altar. Dann die Frage: Was kommt alles aus einem Ei? Die erste Antwort, fast immer dieselbe, überrascht die Erwachsenen. Nicht das Huhn wird genannt, sondern die Dinosaurier. Damit kennen sich die Kinder aus. Wenn dann noch gefragt wird, welche Dinos denn, staunt man, was die Kinder alles wissen. Sie bekommen auch schnell zwanzig Tiere zusammen, die aus Eiern schlüpfen.

In der Osternacht und auch am Ostersonntag ist der „*Risus paschalis*" angesagt, der Osterwitz. Ein alter Brauch, der die ausgelassene Freude über die Auferstehung andeuten soll. Dieses Jahr haben die Kinder am Ostersonntag den Witz wohl schneller verstanden, weil wir als Motto und Symbol der Kommunionvorbereitung den Regenbogen gewählt hatten, der in dieser Zeit auch über dem Altar hing. Die Arche Noah war natürlich Thema, ist doch der Regenbogen nach der Sintflut Zeichen des Bundes zwischen Gott und den Menschen. Der Witz: Zwei Dinosaurier, Frau und Mann, stehen auf einem Berg. Sie schauen hinunter und sehen dort die Arche Noah im Wasser schwimmen. Sagt die eine zum andern: „Och, war das schon heute?!"

Ich gebe zu, ich habe den Witz erst beim zweiten Nachdenken kapiert, als ihn mir der Kabarettist Jürgen Becker erzählte. Zum Glück war das kurz vor Ostern, denn ich kann mir Witze nicht merken. Außer einem, der auch schon zu Ostern zum Einsatz kam: Zwei Zahnstocher gehen spazieren. Da kommt ein Igel vorbei. Sagt die eine zum andern: „Och, ich wusste gar nicht, dass hier jetzt ein Bus fährt!"

Beim Gottesdienst mit Kindern darf es nicht zu ernst zugehen, es muss auch fröhlich sein. Dem dient das Mottolied in der Vorbereitung auf die Erstkommunion, jedes Jahr passend zum jeweiligen Motto. Dieses Jahr kam das Lied aus dem Gebetbuch, dem Gotteslob, Nummer 827 im Kölner Diözesanteil: „Gottes Bogen in den Wolken soll für uns ein Zeichen sein". Am wichtigsten ist, dass die Kinder beim Lied Bewegungen machen. Das finden sie im Alter von neun Jahren cool. Wenn das Lied gut eingeübt ist mit Hilfe einer Katechetin, die die Bewegungen vormacht, kommt jeweils eine Gruppe vor den Altar und zeigt der Gemeinde die Bewegungen beim Singen. Der Höhepunkt kommt dann bei den Erstkommuniongottesdiensten. Als Ausdruck des Dankes an die Eltern singen alle Kinder das Lied in ihren weißen Kleidern und Anzügen vorne am Altar.

Der Liedtext:	Die Bewegungen:
Gottes Bogen in den Wolken soll für uns ein Zeichen sein, dass du, guter Gott, dort oben niemals lässt uns ganz allein.	Arm beschreibt Bogen über Kopf Beide Arme/Hände hoch Nach oben auf Gott zeigen Sich selber umarmen
Gottes Bogen in den Wolken, er bringt Farbe in die Welt, die du, guter Gott geschaffen, die du schützt und auch erhältst.	Arm beschreibt Bogen über Kopf Mit dem Pinsel malen Hände blühen auf wie eine Blume Hände überm Kopf zu einem Dach
Gottes Bogen in den Wolken, er erinnert an den Bund, den du, guter Gott geschlossen mit dem großen Erdenrund.	Arm beschreibt Bogen über Kopf Finger an die Stirn Hände ineinander fassen Großer Kreis beider Arme
Gottes Bogen in den Wolken, Hoffnung bringt er dieser Zeit, dass es Frieden gibt auf Erden, mach uns, Gott, dazu bereit.	Arm beschreibt Bogen über Kopf Betende Hände „Peace"-Zeichen einer Hand Handflächen nach oben öffnen
Gottes Bogen in den Wolken kennt man hier recht lange schon, er ist Zeichen der Gemeinschaft: Gott und Menschen, Kommunion.	Arm beschreibt Bogen über Kopf Mit Finger auf Uhr zeigen Hände des Nachbarn fassen Hände zur Kommunionschale
Gottes Bogen in den Wolken, Regenbogen auch genannt, er zeigt immer deine Liebe. Halt uns, Gott, in deiner Hand. Er zeigt immer deine Liebe. Halt uns, Gott, in deiner Hand.	Arm beschreibt Bogen über Kopf Arm beschreibt Bogen über Kopf Hand aufs Herz Hände ineinander legen Hand aufs Herz Hände ineinander legen

In den letzten Jahren hatten wir außerdem diese Motto-Themen:

„Gottes Haus hat offene Türen", „Wir sind alle Gottes Kinder", „Komm wir finden einen Schatz", „Komm sei mein Gast", „Farbe bekennen", „Wasser voller Leben", „Hand in Hand", „Wir sagen Ja zur Schöpfung", „Wir sind jede*r ein Stern", „Unterwegs auf Spurensuche", „Wir sind Noten in Gottes Melodie".

Der schönste Tag

Apropos weiße Kleider und Anzüge. Bei uns wäre es falsch, die Kinder bei der Erstkommunionfeier mit gleichen Kutten oder Talaren anzukleiden, wie es in manchen Pfarreien geschieht. Warum? Zum einen tragen die Kinder in diesen Pfarreien unter dem Talar ihr Kommunionkleid oder den Anzug. Zum andern möchten gerade bei uns die Kinder einmal strahlend im Mittelpunkt stehen, in Kleid und Anzug. In unserem armen Viertel ist ja keiner reich und sollte dies unter einer Kutte verstecken. Damit alle ein Kleid oder einen Anzug haben, alle strahlen können, schenken wir allen Kindern und Eltern, die es möchten, ein Kommunionkleid oder einen Anzug. Zum Glück bekommen wir viele gespendet, kaufen aber auch dazu aus Polen oder den USA zum Einkaufspreis der Geschäfte. Der beträgt dann nur gut 10 Prozent des Preises, den man in Deutschland im Geschäft bezahlen muss. Von einem Schuhgeschäft, das aufgelöst wurde, bekamen wir den Rest an weißen Mädchenschuhen und schwarzen Jungenschuhen, so dass wir auch die liefern können.

Aus reicheren Pfarreien erhalten wir auch gebrauchte Kleider und Anzüge, weil viele Kinder aus wohlhabenden Familien es gut finden, wenn ihre Kommuniongarderobe anderen Kindern geschenkt wird. In der Ausstellung zur Nachkriegsgeschichte im Bonner Museum ist übrigens ein Kommunionkleid zu sehen, das eine Mutter für ihr Kind aus Mullbinden gestaltet hat.

Dazu passt eine Tradition, die wir pflegen. Wir bieten den Eltern und den Kindern ein Plakat an, das sie zur Erstkommunion über die Tür zu Hause hängen können. Auf dicker Pappe, ein Kunstdruck in schönen Farben, der absichtlich alt aussieht, also Tradition formatiert. Darauf steht: Dies ist der schönste Tag im Leben. Fast alle Kinder möchten das Schild haben. Das ist vielleicht übertrieben, aber nur vielleicht. Für die Predigt bei der Erstkommunionfeier ist es ein guter Aufhänger. War der schönste Tag nicht die Hochzeit, der erste Kuss oder der Lottogewinn? Wann ist die Erstkommunion ein sehr schöner Tag, einer fürs ganze Leben?

Wenn die Kinder im Mittelpunkt stehen! Wenn klar geworden ist, was zu Beginn gesagt wurde: Jedes Kind ist mehr wert als alles Gold der Welt. Wenn das afrikanische Sprichwort gilt: Um ein Kind großzuziehen, braucht es ein ganzes Dorf. Wenn also wir Erwachsenen kapieren, dass die Familien Unterstützung benötigen, nicht nur vom Staat, sondern auch im Alltag vor Ort. Wenn wir froh sind, dass wir Kinderlärm hören. Wenn die Kinder spüren, dass sie Gotteskinder sind.

Wie geht das? Indem die Kinder Andächtigkeit spüren.

Lebensandacht

Tilman Moser, der große Psychoanalytiker, hat vor mehr als dreißig Jahren das Buch „Gottesvergiftung" geschrieben. Seine These damals war, dass der Glaube an Gott Gift sei. Er verbreite Ängste und mache die Menschen klein. Moser hatte die Größe, sich später als älterer Mensch zu revidieren. Glaube an Gott sei gut, wenn er die Kinder zur Andächtigkeit führe. Damit meint er nicht den Besuch von Rosenkranz- oder Maiandachten. Er meint eine Art von innerer Ruhe, von Selbstmächtigkeit aus Dankbarkeit für das Leben. Es ist wohl das, was Hartmut Rosa als Resonanz bezeichnet: Ich komme vor, ich spüre Selbstwirksamkeit, weil ich gesehen, beachtet und wertgeschätzt werde.

Dies ist auch bedeutsam bei der Erstbeichte der Kinder. Wenn die noch so abliefe wie in meiner Jugend, würde ich keinem Kind die Beichte abnehmen. Die Geschichten, wie es früher war, sind Legion. Noch kürzlich erzählte mir eine ältere Dame, wie sie als Kind im Beichtspiegel keine passende Sünde fand. Offensichtlich war sie ein sehr liebes Kind. In ihrer Not suchte sie etwas aus und sagte dem Beichtvater: „Ich habe die Ehe gebrochen." Was mag der sich wohl gedacht haben? Persönlich habe ich als Kaplan erlebt, wie der Pfarrer, in dessen Pfarrei ich bei der Kinderbeichte half, die Kinder einteilte: Du dorthin zu dem Priester, du hierhin, ihr zu mir. Als Kaplan hatte ich nicht den Mut einzuschreiten, obwohl ich empört war.

Für sechzig Kommunionkinder haben wir bei uns an vier Tagen je vier Priester. Also ist nicht nur die Auswahl möglich, sondern auch viel Zeit zur Verfügung. Das Ganze ist auch hundegestützt. Ein Pfarrer, der kommt, hat einen lieben Mischlingshund. Spätestens wenn die Kinder den mal gestreichelt haben, ist die Angst verflogen. Ich bin übrigens ganz traditionell im Beichtstuhl, die anderen drei Priester in Beichtzimmern. Manche Kinder, nicht wenige, ziehen den Beichtstuhl vor.

Die Beichte ist natürlich eine kleine Mutprobe. Im Alter von neun Jahren ist es passend, das Gute und das Böse im Leben zu betrachten. Es ist also ein Beitrag zur Persönlichkeitsentwicklung, ein Individualisierungsschub. Dieses Jahr gingen zwei Kinder hintereinander bei zwei Priestern beichten, offensichtlich nach dem Motto: Doppelt genäht hält besser. Manche

Beichten dauern mehr als eine halbe Stunde, weil manche Kinder bei uns froh sind, wenn ihnen einmal jemand wirklich zuhört.

Mit Geist ...

Bei der Beichte im Rahmen der Firmvorbereitung geht es heutzutage nicht nur mit Priestern. Gerade für die jungen Frauen ist es wichtig, dass auch Frauen für ein Gespräch da sind. Nicht selten kommen die Tränen, wenn die jungen Menschen sich öffnen. Ob die jungen Frauen nach dem Gespräch mit einer erfahrenen Frau noch zum Priester gehen, mag der Herrgott abzählen.

Die Firmvorbereitung besteht bei uns aus einem Wochenende und einige Zeit später einer Wohnwoche. Die Firmanden leben und schlafen nicht zu Hause, sondern in Pfarr- und Jugendheim rund um die Kirche. Zum Glück gibt es dort auch eine Dusche, demnächst zwei. Küchendienst und Saubermachen gehören zur Woche wie Gebetszeiten, Themenabende oder ein Ausflug.

An einem Abend geht es um Tod und Auferstehung. Ein Arzt ist dabei, eine Bestattungsunternehmerin und die Psychologin von einer Palliativstation der Uni-Klinik. Zum Thema Aggression und Frieden fährt die Gruppe zum Lasertag, ein kommerzielles Vergnügungsangebot, das es heute in jeder größeren Stadt gibt und bei dem in dunklen Räumen mit Laserwaffen aufeinander Jagd gemacht wird. Später ist dann gründlicher Erfahrungsaustausch.

Bei der Firmvorbereitung ist die Wohnwoche entscheidend für den Gruppenprozess. Es gilt: Wenn es den Heiligen Geist gibt, ist er jetzt dabei. Wenn wir unsere kleinen und großen Probleme lösen. Wenn sich herausstellt, dass ein Firmand keine

Arbeits- oder Lehrstelle hat und es zu helfen gilt. Wenn die Nudeln angebrannt sind. Wenn man nicht einschlafen kann, weil die andern 15 Mädels im Raum noch zu laut sind. „Der Alltag ist der Weg zu Gott", sagt – genau! – der Heilige Franz von Sales.

Was die Wohnwoche bei den Firmanden ist, sind bei den Kommunionkindern die festen Gruppen. Neben der regelmäßigen Teilnahme am Sonntagsgottesdienst ist die Gruppenstunde jede Woche verpflichtend. Die erfahrenen ehrenamtlichen Katechet*innen freuen sich jedes Jahr darüber, wie nach und nach die Kinder zu einer Gruppe zusammenwachsen. Oft sind die zuerst „schwierigen" Kinder später die anhänglichsten.

… und Würstchen

At first belonging, than believing. So lautet ein Wort der Gemeindeerneuerung in den USA. Zuerst dazugehören, dann glauben. Um sich zugehörig zu fühlen, braucht es eine Willkommenskultur. Bei der Firmvorbereitung schaffen das die mehr als zehn jungen Erwachsenen, die in der Woche mit den Jugendlichen leben. Sie sind nah dran an der Lebenswelt der Firmanden, zugleich auch unausgesprochen deren Vorbilder. Bei der Kommunionvorbereitung sind es die Katechet*innen, die eine warme und zugleich klare Form des Willkommens schaffen. Wenn dann die Kinder nach einem halben Jahr sagen: „Schade, dass schon bald die Kommunion ist, dann treffen wir uns ja nicht mehr jede Woche", strahlen sie natürlich.

Die Aufgabe der Katechet*innen beschränkt sich nicht auf die wöchentlichen Gruppenstunden und die Begleitung der Kommunionkinder im Sonntagsgottesdienst. Sie gestalten auch drei Aktionstage an Wochenenden. Jeweils mit Theaterspiel, Rallye durch die Kirche und im *Veedel*, Basteln und Singen. Hierbei unterstützen auch Messdiener*innen, Pfadfinder*innen und Mitglieder der Katholischen Jungen Gemeinde die Katechet*innen. Zum Beispiel auch beim Spülen nach dem Mittagessen oder auf Stationen der Rallye. Höhepunkt für die Kinder ist, wenn zum Abschluss die Pfadfinder ein Feuer angezündet haben, an dem die Kinder kleine Würstchen braten können, so viele sie möchten.

Hierzu ein kleiner praktischer Tipp. Es gibt etwas, was ich gerne erfunden hätte. Ein kleines Drahtgestell mit Spannung. Man schiebt es über einen Stock, die Federung hält es daran fest. Vorne sind zwei feste Drähte, wie eine Gabel mit zwei Zacken. Darauf kommt ein Würstchen. Nun kann es über dem Feuer garen, ohne dass der Stab verbrennt. Und vor allem fällt das Würstchen nicht ins Feuer. Genial! Es gibt sie mehrfach bei Internetanbietern, zu finden unter dem Produktnamen „Light my Fire – Feuergabel" z. B. hier: https://www.bergfreunde.de/light-my-fire-grandpas-firefork-2-pack-feuergabel. Leider nicht ganz billig, aber sehr praktisch.

Noch ein Tipp: Nehmen Sie nicht dicke Würste. Am besten sind kleine Nürnberger Rostbratwürstchen, zum Beispiel bei ALDI für (zurzeit) 19 Cent das Stück. Soviel Werbung darf sein.

Ein anderer Höhepunkt der Kommunionvorbereitung ist der Besuch des Hänneschen-Theaters vor Weihnachten. Dieses traditionelle Stockpuppentheater in der Kölner Innenstadt zeigt dann ein Weihnachtsstück für Kinder. Wir fahren mit der Straßenbahn hin. Vorneweg der Pastor mit einem Leuchtschild, darauf „HÖVI". Das finden die Kinder

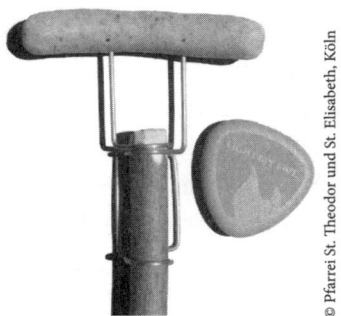

© Pfarrei St. Theodor und St. Elisabeth, Köln

cool; alle möchten nachschauen, wie die Beleuchtung von innen mit zwei Taschenlampen und Spiegeln funktioniert. Einige Male schon hat das Schild für Spenden gesorgt. Menschen fragten, woher wir denn kämen und was HÖVI bedeute. Auf die Antwort, es seien die Kommunionkinder aus Höhenberg und Vingst auf dem Weg zum Hänneschen, zückten einige ihre Brieftasche und beteiligten sich an den Theaterkarten. Sie freuten sich über die fröhlichen Kinder. Im Theaterstück kommen wir vor, was die Kinder sehr erstaunt. Vor der Aufführung geben wir auf einem Zettel die Info an die Stockpuppenspieler*innen, dass wir da sind. Geschickt baut dann das Hänneschen oder seine Schwester, das Bärbelchen, die HöVi-Kinder ins Stück ein. Zum Beispiel, dass sie durch lautes Buh-Rufen den traditionellen Bösewicht der Puppenbühne, den Schäl, erschrecken sollen. Natürlich gehen die Stücke immer gut aus. Zum Schluss entzündet jedes Jahr ein kleiner Engel die Kerzen am Weihnachtsbaum. Bei einer klappt es nicht. Das Engelchen pfeift, dann leuchtet die Kerze – der *Running Gag,* auf den die Katechet*innen warten.

Kleinigkeiten

Die Fastenzeit beginnt für die Kommunionkinder mit einem Fastentest. Alle erhalten am Ende des Gottesdienstes am Ersten Fastensonntag eine Tafel Schokolade, umhüllt von einer Papierbanderole. Darauf steht: „Fastentest. In diesem Päckchen ist eine Tafel Schokolade. Wer schafft es, die Tafel erst an Ostern auszupacken? Versuch es mal mit VERZICHTEN."

Der Geschäftsführer eines Lebensmittelmarktes bekam das mit. So stiftete er das Material für den Hardcore-Test am darauffolgenden Sonntag. Alle bekommen nun ein Überraschungsei zusätzlich. Ob das wohl noch gut ausgehen kann?! Es geht

super aus. Am Ostersonntag bringen fast alle Kinder Schokolade und Ei mit und halten es stolz in die Höhe. Förderlich für
den Ausgang des Tests war, dass die Kinder in den ersten beiden
Wochen der Fastenzeit eine Ersatztafel oder ein -ei bekommen
hatten, falls sie im Heißhunger der Versuchung erlegen waren.
Sie hatten so die zweite Chance.

Kleinigkeiten sind wichtig. Auch das: Die Gruppen der Kommunionkinder gestalten schon in den ersten Wochen der Vorbereitungszeit eine Gruppenkerze mit einem Symbol, die sie für
ihre Gruppe auswählen. Der Regenbogen ist dabei, das Kreuz
und fast immer die Sonne. Diese Kerze trägt jeden Sonntag ein
anderes Kind aus der Gruppe vor den Messdienern aus der Sakristei zum Altar. Dort kommen die Gruppenkerzen auf einen
Extra-Ständer.

Es gibt einen gemeinsamen Filmabend im Pfarrheim. Die
Kinder finden es schön, gemeinsam einen Film anzuschauen.
In der Pause gibt es natürlich frisch gemachtes Popcorn und
Softdrinks. Gezeigt haben wir zum Beispiel die Filme „Der Kö-
nig der Löwen", „Der kleine Drache Eliot" und „Ballerina – Gib
deinen Traum niemals auf". Obwohl letzterer eher ein Film für
Mädchen sein soll, fanden ihn die Jungen auch spannend.

Da wir ja in einem armen Stadtteil leben, haben wir überlegt,
wie wir die Eltern bei der Gestaltung der Feier zu Hause nach
der Erstkommunionfeier in der Kirche unterstützen können.
Wir boten probeweise einen Gottesdienst samstags um 14 Uhr
an. Das wurde der Knaller. Neunzig Prozent der Eltern wählen
diesen Termin, nur zehn Prozent entscheiden sich für den traditionellen Sonntag. Nach der Feier in der Kirche um 14 Uhr
sind die Familien gegen 16 Uhr zu Hause oder an einem andern
Ort. Bei uns feiern sie auch in den Versammlungshäuschen der
Kleingartenvereine. Für eine Gaststätte fehlt den meisten das

Geld. Das Mittagessen entfällt; wenn man ein Buffet anrichtet, kommen die Familien mit einer Bewirtung aus. Für ganz arme Familien gestalten wir auch eine kleine Feier im Kirchencafe.

Die Erstkommunion ist bei uns nicht am Weißen Sonntag, also nicht am Sonntag nach Ostern. Aus drei Gründen. So können die Familien an den Feiern von Verwandten oder Freunden anderswo teilnehmen. So finden sie eher einen Feierraum, weil unsere Sonntage nirgends in der Umgebung Kommunionsonntage sind. Zum dritten sind in den Osterferien, die bis Weißen Sonntag reichen, auch Fahrten der Kindergruppen oder der Fußballvereine, so dass der Kinderchor nicht proben kann. Er singt bei den Gottesdiensten und will kurz vorher proben.

Bei den Festmessen machen ausnahmslos alle Kinder etwas. Vorlesen von Fürbitten, Glaubensbekenntnis, Dankgebete. Sie bringen Gaben zum Altar, andere Kinder erklären diese: Blumen, Kerzen, Brot und Wein. Ein Kind streckt seine leeren Hände in die Luft. Dazu spricht ein anderes: „Ich bringe meine leeren Hände zum Fest. Nur durch unsere Hände kann Gott in der Welt wirken. Mit diesen Händen danken wir Gott für alles, was er uns anvertraut hat."

In der Vorbereitungszeit begleiten Paten die Kinder im Gebet. Sie erhalten in einem Umschlag den Vornamen des Kindes. Ein kleiner Text auf der Karte mit dem Vornamen erläutert das jährliche Motto. Gerade ältere Menschen übernehmen sehr gern die Gebetspatenschaft für ein Kind. Die Kinder erfahren, dass ein Mensch für sie betet.

Nach der Erstkommunion sind die Kinder eingeladen, in einer der festen Gruppen mitzumachen, bei den Pfadfinder*innen, den Messdiener*innen, im Kinderchor oder in der Katholischen Jungen Gemeinde. Spätestens in der Kinderstadt Hö-Vi-Land in den Sommerferien sehen sich dann alle wieder.

4. Sozialraumorientiert

Die Kinderstadt

Für die Kinder bei uns ist das Highlight im Jahr die Kinderstadt „HöVi-Land" in den ersten drei Wochen der Sommerferien. 2019 waren 630 Kinder dabei, noch einige mehr als in den Jahren zuvor, aufgeteilt in dreißig Gruppen. Mehr als zweihundert Erwachsene engagieren sich, begleiten die über 150 Ausflüge, bieten Workshops an, kochen frisch im Küchenzelt, betreuen das Café, kümmern sich um Spielzeug, Bühne, Geräte. Auch ein Arzt ist immer dabei auf dem Platz in einem Wäldchen, das zu unserem *Veedel* gehört.

Am wichtigsten sind die jugendlichen Gruppenleiterinnen und -leiter, in diesem Jahr (2019) 116 an der Zahl. Ab Februar werden sie ausgebildet: Erste Hilfe, Gruppenpädagogik, Rechtsfragen. Das geschieht an Abenden und einem gemeinsamen Wochenende in der Jugendherberge in Nideggen. Was ist ihr Lohn? Geld bekommt niemand. Ihr Lohn ist wohl, dass beim Abschied am letzten Tag fast alle Kinder weinen. Das war so in den vergangenen 25 Jahren. Die Kinder heulen, weil es zu Ende ist, aber hoffentlich auch in Vorfreude auf das nächste Jahr. Denn alle denken, dass es HöVi-Land ewig geben wird.

Woher diese Hoffnung? Weil es einfach wunderbar ist, sich in der Kinderstadt zu engagieren. Wenn man die Kinder fragt: Was willst Du denn später mal werden, sagen viele: HöVi-Land-Leiter! Und die Leiterinnen und Leiter sagen: Ich will jetzt gerne zurückgeben, was ich als Kind im HöVi-Land erlebt habe. Ein Kind wurde für einen Film im ARD-Morgenmagazin gefragt: Was ist denn das Schönste hier? Die Antwort: „Dass wir hier zusammenhalten, und die andern Dinge." Das ist es! Die „andern Dinge" sind egal, wenn der Zusammenhalt stimmt.

Die Kinder schlafen nicht in der Kinderstadt, sondern zu Hause. Abends sind sie geschafft, auch die Leiterinnen und Leiter. Am nächsten Morgen geht es dann wieder los.

Das Geheimnis, dass es nun zum 26. Mal funktioniert hat, ist wahrscheinlich, dass diese Kinderstadt die Menschen aus dem *Veedel* selber schaffen. Zum Beispiel das Technik-Team. Eine Woche Aufbau der Kinderstadt, Abbau an einem Tag. Das bewundern alle. Oder die Rentner, die jede Nacht die Kinderstadt bewachen: unverzichtbar. Es kommt also auf jeden an, jeder Beitrag zählt! Ob Regen oder Sonnenschein: Alle haben die Sonne im Herzen, weil die Kinder dankbar sind.

Der erste Schritt begann vor 27 Jahren mit der Erkenntnis, dass Stadtranderholung – also Kinder mit Bussen im Sommer zur Erholung ins Bergische Land zu transportieren – im Grunde bedeutete: Arme Kinder raus! Also Trennung, Exklusion, Segregation. Keiner fühlte sich gut damit, weder die jugendlichen Gruppenleiter und der Gemeindereferent, der es organisierte, noch die Kinder. Es war in der Tat nicht richtig, die Kinder in einer Schule abzusetzen, die in den Ferien leer stand, und am Nachmittag zurück in die Stadt zu holen. Die bürgerlichen Kinder fuhren mit den Eltern in Urlaub, die armen Kinder mit uns ins Bergische Land. Zusammen mit der evangelischen Jugendleiterin und unserem Kaplan überlegten wir im katholischen Pfarrgemeinderat und im evangelischen Presbyterium nach dem Dreischritt von Joseph Cardijn, der heute der „Stammvater" der Christlichen Arbeiterjugend ist:

1. Sehen: Die Stadtranderholung bewirkt nicht Zusammenhalt, eher betont sie die Trennung der sozialen Gruppen im Stadtteil.

2. Urteilen: Am besten wäre es, möglichst viele zu beteiligen. Also Kinder aus allen Schichten, Erwachsene aus dem *Veedel*, junge Leute als Leiterinnen und Leiter für feste Gruppen.

3. Handeln: Am besten zusammen vor Ort. Dann können viele mitmachen.

Und auch noch ökumenisch. Also sind im Leitungsteam der Kinderstadt die evangelische Jugendleiterin und der evangelische Pfarrer, von katholischer Seite zuerst der Kaplan, jetzt der Pastoralreferent und ein Sozialpädagoge, der auch Stadtteilmanager ist.

Drei Aspekte sind wichtig. Sie spielen auch allgemein für das Zusammenleben im Stadtviertel eine große Rolle:

Zum Club gehören. Wer sich bei der Kinderstadt engagiert, gehört zum Club. Er oder sie gibt viel, kann aber sicher sein, dass er/sie auch Unterstützung erfährt, wenn einmal Hilfe gebraucht wird. Zum Beispiel bei der Suche nach einer Lehrstelle oder einer Wohnung. Auch bezahlen wir den Führerschein, wenn der nötig ist, um eine Arbeitsstelle zu bekommen.

Mal rauskommen. Die vielen Ausflüge in der Kinderstadt geschehen nicht mit Reisebussen, sondern mit öffentlichen Verkehrsmitteln. So lernen die Kinder aufzubrechen. Dies mag für bürgerliche Menschen normal sein, aber für viele bei uns ist es etwas Neues und Fremdes, mal aus dem Viertel heraus zu kommen.

Etwas können. In den drei Wochen probieren die Kinder vieles aus: Jonglieren, Tanzen, Singen, Einrad-Fahren, Basteln, Rätseln. Beim täglichen Bühnenprogramm führen sie ihre Fähigkeiten vor. Manche machen das Jahr über weiter, zum Beispiel in der Tanzgruppe, im Kinderchor, in der Einrad-Gruppe; oder auch bei den Pfadfindern, der evangelischen Jugend, der Katholischen Jungen Gemeinde oder den Messdienern.

Mittig

Vom Rand in die Mitte. Dies könnte die Überschrift unseres sozialraumorientierten Ansatzes sein. Bei der Kinderstadt ist das auch territorial der Fall, die Zeltstadt ist fußläufig von den Wohngebieten in den *Veedeln* Höhenberg und Vingst erreichbar. Für die Engagierten bedeutet das Prinzip: Alle Fähigkeiten sind wichtig, ob du nun der Arzt bist oder in der Küche spülst. Ob du die Ausflüge organisierst oder als Begleiter mitfährst. Gerade die scheinbar einfachen Aufgaben sind entscheidend! Ohne die Techniker, die Zeltbauer (alle Rentner), die Nachtwachen ginge es nicht.

Durch die Erfindung der Kinderstadt und die Erfahrung der Zusammenarbeit vieler im *Veedel* wurden weitere Aktivitäten angestoßen. Wir erwarben günstig einen alten Linienbus und bauten ihn zum Spielmobil um. Täglich fuhr ihn der Kaplan, später der Pastoralreferent auf einen anderen Spielplatz. Die evangelische Jugendleiterin organisierte die pädagogischen Dinge. Als der Bus zu alt wurde, stellten wir auf Spiele-Anhänger um, jetzt haben wir auf zwei Spielplätzen feste Container.

Damit HöVi-Land das ganze Jahr anhält, wurde die ökumenische Familienwerkstatt entwickelt. Mit Angeboten für Väter, Mütter, Kinder. Auch nur für Männer oder nur für Frauen. Der Nachfrage können wir kaum nachkommen. Hier gilt: Wie in der Kinderstadt sind nicht nur bürgerliche Menschen dabei und willkommen, sondern alle.

Mit der Familienwerkstatt haben wir begonnen, als die Katholische Familienbildungsstätte in unserer Nähe im Stadtbezirk Kalk geschlossen wurde, weil im Bistum Sparen angesagt war. Leider wurden nicht die Einrichtungen in den bürgerlichen Bezirken, der Kölner Südstadt und im Agnesviertel, eingespart, sondern bei den Armen, bei uns.

Nun läuft es ohne hauptamtliches Personal, koordiniert von den Menschen, die auch die Kinderstadt leiten, unterstützt von vielen Ehrenamtlichen. Das Programm hat inzwischen mehr als 100 Angebote im Jahr, von der Krabbelgruppe angefangen. Besonders beliebt sind die Väter-mit-Kindern-Wochenenden. Das Familienwochenende für gut 100 Teilnehmer*innen ist binnen einer Stunde ausgebucht. Sehr beliebt ist ebenso das Wellness-Wochenende für Frauen. Autorenlesungen und Führungen im Kölner Dom gehören dazu, Erste Hilfe am Kind oder Berufsberatung für Eltern: Wie kann ich meinem Kind dabei helfen, eine Ausbildungsstelle zu finden?

Für manche Angebote ist eine gute Ausbildung wichtig, zum Beispiel für das FUN-Projekt. FUN meint „Familie Und Nachbarschaft", erfunden von der evangelischen Diakonie. Hier kommen an acht Tagen acht Familien zusammen, um zu lernen, wie Familie gut funktioniert. Ganz praktisch: Wie kann man Streit anfangen und damit aufhören, wie spielen Kinder und Eltern miteinander, wie können Eltern über ihre Kinder sprechen, wie bedienen die Kinder ihre Eltern bei Tisch, wie geht Ausflugsplanung? Je eine Familie kocht vor den Treffen für alle acht. Durch die FUN-Treffen ist ein Familienkreis entstanden, ohne dass er sich so nennt. Bei den letzten Kursen waren je vier Familien türkischer Abstammung. Zuerst kamen nur die Frauen mit ihren Kindern, dann auch die Väter. Zweimal im Jahr organisiert die evangelische Jugendleiterin Ausflüge für alle FUN-Gruppen, zuletzt in den Krefelder Zoo.

Allgemeines Expertentum

Elinor Ostrom hat 2009 den Nobelpreis für Wirtschaftswissen-
schaften bekommen, als erste Frau überhaupt. Ihr ganzes Leben
hat sie über Ressourcenknappheit geforscht. Wer findet Lösungen, wenn das Wasser knapp wird, das Meer überfischt ist
oder die Allmende überweidet? Die Lösungen kommen nicht
von oben, vom Staat, der Verwaltung, von der Hierarchie. Die
besten Experten sind die betroffenen Menschen vor Ort! Man
muss Bedenkenträger und Besserwisser in Schranken weisen
und das Problem gut umschreiben. Dann kommt es in intensi-
ver Kommunikation der Betroffenen zur Problemlösung durch
konstruktive Verträge.

Diese Forschungsergebnisse haben uns sehr beflügelt! Denn
wir hatten schon länger erkannt, dass Menschen mit knappen
Ressourcen an Arbeit, Bildung und sozialen Kontakten nicht
Teil des Problems, sondern Agenten der Lösungen sind. Zum
Beispiel die Verwahrlosung im öffentlichen Raum. Ein armes
Viertel, von Segregation und Segmentierung gebeutelt, kann
schnell zur *Broken-window-area* werden.

Wenn die Umgebung der Menschen verwahrlost, dann wirkt
es sich auf das soziale Verhalten aus. Weil unsere arme Stadt
nur noch die Hälfte der Mitarbeiter im Grünflächenamt hat,
kümmern wir uns selbst um Baumscheiben, Wiesen und Schul-
höfe. Jeden Tag ist eine Gruppe von acht bis zehn Menschen
im Viertel tätig: Hartz-IV-Empfänger, Ein-Euro-Jobber, junge
Menschen im Freiwilligen Sozialen Jahr. Morgens treffen sie
sich zu einem kräftigen Frühstück unter der Kirche.

Beete im Viertel, 51.000 Osterglocken im Frühjahr, ganz neu
zeugen siebzig Stockrosen vom „Blühenden HöVi". Viele Beete
haben Nachbarn als Paten; besonders eifrig sind hierbei Mit-

bürger*innen aus der Türkei und aus Italien. Auch 31 Hunde-
tütenkästen werden von Paten betreut und bestückt. Im Advent
hängen 130 Sterne mit Glühbirnen an den Straßenlaternen.
Vierzig Tannenbäume, vier Meter hoch, stehen in den Straßen,
Männergruppen stellen sie auf, Kinder in Kindergärten und
Schulen schmücken sie. Die Kölner Gruppe *Bläck Föös* (Nackte Füße) singt: *„In unserem Veedel* hält *mer zesamme, ejal wat
och passet"*. Soziologisch heißt das Sozialraumorientierung und
beschreibt gut unseren Ansatz. Die Kirche ist ein öffentlicher
Raum für alle im Stadtteil. Wer sich mit seinen Fähigkeiten einbringen will, ist herzlich eingeladen. Dies gilt nicht nur ökumenisch, sondern für alle Menschen guten Willens.

Ein afrikanisches Sprichwort lautet: *„It needs a village to raise
a child"* – es braucht ein ganzes Dorf oder Viertel, um ein Kind
großzuziehen. Was für den äußeren Sozialraum gilt, trifft erst
recht zu für die Erziehung und Bildung der Kinder und Jugendlichen. *„Neighborhood does matter"* hieß ein Artikel in der *Kölner Zeitschrift für Soziologie und Sozialpsychologie*, Heft 4/2010.
Er berichtet von der ersten empirischen Untersuchung, die
nachweist, dass das Viertel für den Bildungserfolg bedeutsam
ist. Es geht darum, ob es für junge Menschen positive Identi-
fikationsmuster gibt. Also Vorbilder, wie es sich zu lernen und
zu leben lohnt.

Solche Vorbilder sind die Leiterinnen und Leiter der Kinderstadt für die Kinder im Stadtteil. Sie verstehen sich auch so das
ganze Jahr über. Dadurch wird das Sommercamp zum Motor
des Engagements der Menschen in ihrem Sozialraum. Die Erfahrung des Miteinanders in den Sommerferien weckt den
Wunsch nach Mehr – aus der Erfahrung, dass es nur klappen
kann, wenn viele anpacken. Wichtig sind natürlich auch die Erwachsenen. Zum Beispiel ist es für die Jugendlichen wunder-

bar, dass sie vor ihrem täglichen Einsatz in der Kinderstadt im Zeltcafé ein üppiges Frühstücksbuffet vorfinden, angerichtet von einem Frauenteam, das schon ab 6 Uhr in der Früh tätig ist. Rührei für alle.

Für Mütter und Väter mit Kleinkindern ist es möglich, sich in HöVi-Land zu engagieren, weil sie ihre kleinen Kinder im Hö-Vi-Kindergartenzelt abgeben können. Für die Kleinen eine tolle Zeit mit anderen Kindern, für die Eltern eine schöne kinderlose. Dafür sind sie dann als Ausflugsbegleiter*innen unterwegs oder leiten ein Bastelangebot.

Mit den sechs Schulen im Viertel arbeiten wir intensiv zusammen. Zum Beispiel haben wir für die Schülerinnen der Hauptschule ein Kampfsportstudio in der Nähe einmal in der Woche gebucht. Der Trainer vermittelt ihnen Körper- und Selbstwertgefühl. Ohne Jungs, für die gibt es einen Fitnessraum im Schulkeller.

Da unsere Kirche voll unterkellert ist, bieten wir dort viermal im Jahr Kurse für den Flurförderfahrzeugführerschein an. Für viele junge Menschen ist die Prüfung auf dem Gabelstapler die erste, die sie bestehen. Da die meisten türkischer Abstammung sind, spricht der Fahrlehrer auch Türkisch und Kurdisch. Bei der Bewerbung für eine Stelle im Lager oder Handel war der Führerschein schon oft hilfreich, zuerst einmal stärkt er das Selbstbewusstsein.

Unsere Kleiderkammer und Lebensmittelausgabe jede Woche für 350 Menschen sehen wir auch kritisch: Besser wäre, wenn die Menschen nicht Schlange stehen müssten, um einige Lebensmittel zu erhalten. Die da stehen, sagen uns aber: Macht weiter, es hilft uns. Parallel zur Lebensmittelausgabe am Dienstag ist eine Sozialarbeiterin des Sozialdienstes Katholischer Männer (SKM) vor Ort zur Beratung. Einmal im Monat kommen am Dienstag auch Mitarbeiter*innen des Jobcenters in den Pfarrsaal, sozusagen eine Außenstelle ganz nah bei den Menschen.

Prinzipiell Veedel

In unserem Sozialraum handeln wir nach vier Prinzipien:

1. *Aufsuchende Gastfreundschaft.* Wir warten nicht ab, bis einer kommt. Bei Problemen gehen wir auf den Menschen zu. Zum Beispiel als die Polizei um Hilfe bei Drogenproblemen bat, richteten wir sogleich eine Drogenberatungsstelle im Kirchturm ein und hängten einen Spritzenautomaten der Aidshilfe an den Turm.

2. *Gratuite.* Eine Eigenschaft Gottes. Auf *Kölsch:* ömesöns. Mit Geld kann man bei uns nichts kaufen. Es würde die Armen ausschließen. Da der Glaube ein Geschenk ist, nie ein Verdienst, entspricht ihm das praktische Prinzip der Unentgeltlichkeit. Reiche Spender können gern dafür sorgen, dass dies klappt.

3. Öffentlichkeit. Die Kirche, die Räume und die Ressourcen der Gemeinde gehören allen im Viertel. Wenn muslimische Gruppen um einen Raum bitten, verlegen wir gern unsere eigenen Buchungen.

4. *Stolz.* Die Menschen sollen stolz sein können auf das, was sie gemeinsam leisten. Als die Geschäftsleute einer zentralen Kölner Einkaufsstraße kürzlich die Weihnachtsbeleuchtung nicht finanziert bekamen, waren unsere Leute stolz: Bei uns brennen die Lichter, denn wir machen es ja selbst.

Unser Produkt ist Service. Dienst aneinander, gegenseitig. Nur Worte gehen in unserem Stadtviertel gar nicht. Es ist ein Quartier mit Erneuerungsbedarf, wie man heute sagt. Früher nannte man es Sozialer Brennpunkt, aber das ist es nicht mehr, auch dank des ökumenischen Engagements der evangelischen und katholischen Kirchengemeinden, zusammen mit den Muslimen und allen Menschen guten Willens.

Unser Kölner Erzbischof Kardinal Meisner sagte prägnant: „Liturgie ohne Diakonie ist Götzendienst". So hart würde ich es nicht formulieren, aber es stimmt schon: Ohne das Engagement im Sozialraum des *Veedels* hätten wir wohl sonntags nicht eine volle Kirche. Es geht uns als Kirche im *Veedel* nicht darum, Fernstehende zu erreichen und für die Kirche zu gewinnen. Unser Ziel ist es, in einem armen *Veedel* ein gutes Leben zu fördern. So können wir zum Beispiel auch dank der Unterstützung guter Menschen von außerhalb das Schulessen an unseren fünf Grundschulen für die Kinder bezahlen, deren Eltern den einen Euro pro Essen einfach nicht hinkriegen.

5. Am Grab

Die Beerdigung ist einige Zeit vorbei; die Kinder des Verstorbenen treffen sich vor dem Sechswochenamt in der Gaststätte „Zur letzten Träne". (Die gibt es in Siegburg in der Nähe des Nordfriedhofs wirklich). Nun gilt es für die Angehörigen, die Rechnung des Beerdigungsinstituts unter sich aufzuteilen.

Es gibt Ärger, als die Transportkosten des Pfarrers in den Blick kommen: 80 Euro für das Taxi. Das ist nicht zu viel, denn der Wagen wartete ja vor dem Friedhof, um den Pfarrer wieder nach Hause zu fahren. Die Kommentare sind bissig: „Hat der denn kein eigenes Auto mehr?" „Der fährt doch sonst mit dem Rad." Bis hin zur bösartigen Bemerkung: „Bei seiner Leibesfülle hätte es ihm gut getan zu laufen!"

Wer mit Beerdigungsunternehmern spricht, erfährt schnell, wie sehr sich treue Kirchensteuerzahler darüber ärgern oder zumindest stark wundern, dass der Transfer des Pfarrers oder Diakons nicht inklusive ist. Man mag das für eine Lappalie halten, aber in der Wahrnehmung der Menschen ist es keine, das bestätigen viele Bestatter. Vielleicht entlädt sich ja auch an den Taxikosten des Pfarrers nur der allgemeine Ärger über die hohen Kosten für eine Beerdigung. Man wollte sie doch durch die Beisetzung in einer Urne niedrig halten...

So wäre es zumindest ein Gebot der Klugheit, auf die Taxifahrt zu verzichten. Wenigstens in Pfarreien mit Gering- oder Normalverdienern. Wer es mit Reichen zu tun hat, kann ja auf die Frage der Angehörigen, „Warum sind Sie denn nicht mit dem Taxi gekommen?", klug antworten: „Aber nein, die Verstorbene hat doch ihr ganzes Leben lang schon ein Vermögen an Kirchensteuer gezahlt!"

Die Taxifahrt führt auch leicht in eine andere Falle. Kommt das Taxi knapp, oder steht man auf der Fahrt im Stau, dann kommt der Geistliche erst an, wenn die Trauergemeinde schon in der Trauerhalle versammelt ist und der Musik lauscht. Mancher fromme Kirchenmann kommt auch extra erst so spät auf dem Friedhof an. Die Botschaft wird vernommen: Er will möglichst wenig persönlichen Kontakt mit der Trauergemeinde. Wenn Diakon oder Priester dann auch noch sogleich nach der Einsegnung am Grab weglaufen, spart das zwar die Standkosten des Taxis, verstärkt aber bei den Angehörigen den Eindruck: Kurzauftritt, das war's.

Gutes Werk

Die Toten bestatten ist eines der sieben Werke der leiblichen Barmherzigkeit. Kurz bevor Jesus gefangengenommen und dann gekreuzigt wird, erklärt er seinen Jüngern, wie man in den Himmel kommt:

„Kommt, ihr Gesegneten meines Vaters, nehmt das Reich in Besitz, das euch seit Grundlegung der Welt bereitet ist. Denn ich war hungrig und ihr habt mir zu essen gegeben; ich war durstig und ihr habt mir zu trinken gereicht; ich war fremd und ihr habt mich aufgenommen; ich war nackt und ihr habt mich bekleidet; ich war krank und ihr habt mich besucht; ich war im Gefängnis und ihr seid zu mir gekommen. Da werden ihm die Gerechten antworten: Herr, wann sahen wir dich hungrig und haben dir zu essen gegeben oder durstig und haben dir zu trinken gegeben? Wann haben wir dich als Fremden gesehen und aufgenommen oder nackt und dich bekleidet? Wann haben wir dich krank oder im Gefängnis gesehen und sind zu dir gekommen? Und der König wird ihnen antworten: Amen, ich sage euch: Was immer ihr einem dieser meiner geringsten Brüder getan habt, das habt ihr mir getan." (Matthäusevangelium 25,34-40)

In diesem Text werden nur sechs gute Werke genannt, die das Himmelstor öffnen. Das siebte geht zurück auf das Buch Tobit im ersten Testament. Die kurze Novelle ist für mich der schönste Text in der Bibel. In einer Viertelstunde zu lesen.

Tobit hat ein Helfersyndrom. Seine Frau sagt: Das ist übertrieben, dass du allen hilfst. Eines Tages will Tobit mal wieder einen Toten bestatten, um den sich keiner kümmert. Er hebt vor dem Stadttor ein Grab aus. Es wird Nacht, die Stadttore schließen, er kann nicht mehr in sein Haus und legt sich draußen zum Schlafen hin. Offensichtlich hat er noch die Augen auf, als ein Vogel ihm ins Auge scheißt. Er wird blind. „Das hast du davon", verspottet ihn seine Frau. Tobit hat einen Sohn, Tobias. Der hat die Pubertät hinter sich und will seinem Vater helfen. Der Vater sieht eine Chance: „Geh mit diesem Schuldschein nach Medien, ins ferne Land, und hol dort mein Geld. Dann kaufe die Salbe, die mich vielleicht heilen kann. Nimm einen Begleiter mit!" Tobias findet Rafael, ohne zu wissen, dass der ein Engel ist. Dann kommt für mich der schönste Satz der Bibel: „Auch sein Hund ging mit." Nun ist klar: Alles wird gut. So ist es auch. Die Salbe kann gekauft werden, der Vater wird geheilt, Tobias findet eine Frau, der Engel Rafael fliegt zurück zum Himmel. Eine Entwicklungsnovelle, ein Märchen für Erwachsene.

Zu teuer

Probleme mit Beerdigungen gab es nicht nur zu der Zeit von Tobit. Heute nehmen sie zu. Die Kosten steigen. Eine normale Sargbestattung mit Trauerhalle kann schnell 5000 Euro kosten.

Deshalb nehmen nicht nur die günstigeren Urnenbestattungen zu, sondern auch die anonymen Beerdigungen auf einer Friedhofswiese. Die Angehörigen wissen dann nicht, wo die Urne liegt. Aus einer Stadt im Ruhrgebiet wird berichtet, diese Art mache schon die Hälfte aller Beisetzungen aus. Gerade in Industriegebieten hatten früher die meisten Menschen eine Sterbeversicherung. Oft hat sie die Gewerkschaft vermittelt. Man zahlte jeden Monat wenige Mark, damit am Lebensende eine erkleckliche Summe für die Beerdigung da war.

Im Kölner Telefonbuch wirbt ein Institut mit Bestattungen ab 690 Euro. Klein steht allerdings daneben: „zzgl. städt. Gebühren"! Allein die Benutzung der Trauerhalle schlägt mit 250 Euro zu Buche.

Wer es sich leisten kann, investiert in eine würdige Beerdigung seines Angehörigen. Früher war fast immer eine Pfarrerin oder ein Pfarrer dabei. Jetzt gibt es einen Trend zu freien Rednern, weil die sich viel Mühe geben für ihr Honorar. Aus meiner Erfahrung machen sich oft die evangelischen Geistlichen mehr Mühe als die katholischen. Leider gibt es sogar Pfarrer, die vor der Beerdigung nicht zu einem Gespräch einladen, nur telefonieren, wenn überhaupt. Bei der Terminfülle ist das vielleicht zu verstehen, aber es ist seelsorgerlich und menschlich schlimm. Was das bei den Kirchensteuerzahlern für einen Eindruck hinterlässt, kann man sich vorstellen.

Für viele Menschen ist die Beerdigung das achte Sakrament. Ja, für manche noch mehr, der letzte wichtige Anspruch nach einem Leben als Christ – und als Kirchensteuerzahler.

Alle Mühe

Wenn das Produkt der Kirche Service ist, Dienst für die Menschen, so ist die würdige Beerdigung eines Menschen jeder Mühe wert. Die beste Botschaft an die Angehörigen ist, dass sie den Eindruck gewinnen: Der Geistliche gibt sich alle Mühe, er will es gut machen. Dann kommt es auch auf die Einzelheiten nicht mehr so sehr an. Dann darf sogar ein Fehler passieren!

Bei einer Beerdigung war die Trauerfeier in der Halle des Beerdigungsinstituts. Danach wollte die Unternehmerin die Urne zum Friedhof fahren. Doch sie vergaß den Autoschlüssel im Fahrzeug und verschloss die Türen. Die Urne war drin, kein Ersatzschlüssel zur Hand. Warum das bei einem teuren Auto so sein kann, will ich gar nicht verstehen. Die Autofirma, die angerufen wurde, wusste keinen Rat, außer: Tür aufbrechen. Also musste die Tochter den Ersatzschlüssel von zu Hause holen. Das dauerte. Ich ging mit den Angehörigen in die Gaststätte, die zum Glück dem Institut gegenüber liegt. Der Wirt war so fit, dass er sogleich Kaffee und einige Schnittchen servierte. Natürlich habe ich die Rechnung bezahlt. Danach gingen wir in Ruhe zu Fuß zum Friedhof, wo nun auch die Urne eingetroffen war. Einige aus der Trauergemeinde waren aus der Kirche ausgetreten. Beeindruckt hat sie eher nicht meine Predigt, sicher aber unsere gemeinsame Bemühung, das Problem mit dem Autoschlüssel zu bewältigen. Jedenfalls sagten sie das. Und die Stimmung bei der Grablegung war spürbar heiter.

Weil unser Produkt Service ist, nehme ich mehrere große Schirme mit, wenn es regnet. Sie liegen immer in meinem Auto bereit. Ich habe versucht, mit dem Fahrrad zum Friedhof zu fahren. Mit Talar und Rochett und Weihwassersprengel usw. klappt das nicht gut. So fahre ich mit dem Auto. Mich erstaunt, dass die Beerdigungsinstitute den Regenschirmservice noch nicht entdeckt haben, jedenfalls bei uns in Köln. Denn die Angehörigen sind für den Regenschutz sehr dankbar. Ebenso dankbar sind sie für den Hinweis, dass ein Rollstuhl in der Trauerhalle zur Verfügung steht für den Angehörigen, der nicht mehr gut laufen kann. Oder für den Hinweis, dass man mit dem Auto zum Grab fahren darf mit gehbehinderten Menschen.

Auf dem Weg zum Grab ziehe ich mit dem Totengräber zusammen den Wagen mit dem Sarg oder der Urne. So gehen die Angehörigen hinter Sarg oder Urne als erste, nicht der Pfarrer. Nach den Gebeten und der Einsegnung am Grab gehe ich auf die Seite und bleibe dort, bis der letzte Trauergast Blumen oder Erde ins Grab geworfen hat. Dann werfe ich die restlichen Blumen hinein und segne das Grab noch einmal mit Weihwasser.

Leider geht bei uns kein Küster, Messdiener oder Kreuzträger mehr mit bei den Beerdigungen. Lange Jahre verrichtete diesen Ehrendienst ein älterer Herr, der kürzlich im Alter von 100 Jahren verstorben ist. Wenn ein Praktikant des Priesterseminars bei uns ist, versieht er diesen Dienst. Messdiener*innen können es heute nicht mehr, dies gäbe sicher eine Anzeige der Schulbehörde. Ich wäre sehr froh, wenn sich wieder eine Frau oder ein Mann für diesen Dienst finden ließe. Der Bezug zur Pfarrgemeinde würde so sichtbar.

Mit Streuselkuchen …

Wenn im Pfarrbüro vom Beerdigungsinstitut die Meldung einer Beerdigung ankommt, so hat dies erste Priorität. Am besten ist es, wenn die Angehörigen noch im Institut sind, dann kann sogleich ein Termin für ein Gespräch vereinbart werden. Nicht selten kommen die Angehörigen dann sofort vom Bestatter zum Pfarrer. Bei uns in einem leider armen Stadtviertel ist die Frage wichtig, ob die Angehörigen lieber einen Besuch bei sich zu Hause wünschen oder ob sie ins Pfarrhaus kommen wollen. Da die Wohnverhältnisse oft beengt sind, manche Wohnung auch vermüllt ist, wollen die meisten gerne ins Pfarrhaus kommen. Dort gibt es zum Gespräch immer Kaffee und Kuchen. Im Eisfach ist Streuselkuchen, der schnell aufgetaut ist, notfalls auf dem Toaster; manchmal ist auch frischer Kuchen da, den liebe Menschen backen. Dieses Trauergespräch dauert mindestens eine Stunde. Nicht selten bedanken sich die Angehörigen danach.

Am Ende des Gesprächs können sie aus einigen tröstenden Büchern auswählen oder alle mitnehmen. Auch steht der Same einer Zwergsonnenblume in einem Töpfchen bereit. Viele nehmen das gerne mit: Die Blume wendet sich im Tageslauf der Sonne zu. Dies wünscht die oder der Verstorbene auch den Angehörigen. Im Internet finden unter dem Produktnamen „Mini-Pflanzset Zwergsonnenblume" zu bestellen unter www. bb-geschenkideen.de. Gerne nehmen die Angehörigen dann auch aktuelle Informationen der Pfarrei mit.

Manchmal stellt sich beim Trauergespräch heraus, dass die Angehörigen kein Auto haben oder aus irgendwelchen Gründen nur schwer zum Friedhof kommen können. Dann hole ich sie mit unserem Kleinbus zur Beerdigung ab. Öfter ist das auch ein guter Service für die Mitbewohner der oder des Verstorbenen aus einem Seniorenheim.

Die Stadt beabsichtigte vor Jahren, bei Beerdigungen, die das Sozialamt bezahlt, auf die Trauerhalle zu verzichten, um 250 Euro zu sparen. Wir ließen verlauten, dass wir dann einen kleinen Sarg mit einem Geldschlitz basteln würden, um Geld für eine würdige Beerdigung zu sammeln. Nachdem uns ein

Ratsmitglied unterstützte, ließ die Stadt von dem Vorhaben ab. Ohne Trauerhalle sind allerdings die Beerdigungen, die das Ordnungsamt verantwortet. Das ist insofern in Ordnung, weil es dann meist keine Angehörigen gibt. Die Verstorbenen werden aber auf einem Feld in einer Urne beerdigt, auf dem auf einer Stele ein Schild mit ihrem Namen, ihrem Geburts- und Todestag an sie erinnert. Zum Glück hat die Trauerhalle, bei der diese Beerdigungen beginnen, ein Vordach, unter dem auch bei Regen eine Trauerfeier möglich ist, bevor wir mit der Urne zum Grab ziehen.

Die meisten Toten, deren Beerdigung das Ordnungsamt regelt, haben eine Betreuerin oder einen Betreuer. Manchmal kann sie oder er noch Freunde oder Angehörige finden. Auch das Seniorenheim, in dem die Verstorbenen zumeist lebten, gibt gerne Hinweise. Bei uns ist ein Heim, in dem sehr arme Menschen untergebracht sind. Schön finde ich, dass das Seniorenheim immer ein Blumengesteck zur Trauerfeier schickt, und dass eine*r oder zwei der Mitarbeiter*innen dazu kommen. Oft hole ich sie mit dem Kleinbus ab.

Wichtig finde ich einen guten Kontakt zu den Totengräbern, bei uns sind das Angestellte der Stadt. Da sie nicht viel verdienen und zumeist Familie haben, beteiligen wir sie an unseren Unterstützungen für Familien. Also Fahrräder für die Kinder aus unserer Gemeindewerkstatt oder Kommunionkleider und -anzüge. Trinkgelder der Trauergäste dürfen sie nicht nehmen, aber ich als Pfarrer darf mir herausnehmen, einen Beitrag in die Kaffeekasse zu leisten. Vielleicht sind sie froh darüber, uns vor Palmsonntag dann Buchsbaumzweige für die Palmweihe zu schenken, der zum Glück trotz der Buchsbaumkrankheit noch auf dem Friedhof wächst.

… und Trude

Ein Vorbild sind für mich die evangelischen Pfarrerinnen und Pfarrer. Sie bereiten sich meist sehr gründlich auf die Trauerfeiern vor. Da es in ihrer Kirche nicht die Tradition der Exequien, der Heiligen Messe zum Totengedenken, oder des Sechswochenamtes gibt, konzentriert sich die Feier auf die Zusammenkunft in der Trauerhalle des Friedhofs oder des Beerdigungsinstitutes. Oft schildern sie in ihrer Ansprache die Lebensgeschichte der Verstorbenen. Dies habe ich mir nur indirekt abgeguckt. Außer wenn die Angehörigen dies direkt wollen, erzähle ich nicht das Leben der Toten, baue aber Aspekte daraus in Form von Gedichten oder Geschichten in meine Trauerfeier ein. In Köln ist es auch manchmal gut, ein *kölsches* Gedicht zu lesen. Nicht selten wünschen sich die Angehörigen das Lied von Trude Herr: „Niemals geht man so ganz".

Was die Musik bei der Trauerfeier anbetrifft, sollte man die Wünsche der Angehörigen akzeptieren. Manchmal möchten sie die Lieblingslieder der Verstorben hören. Auch ein Lied wie „Ein Stern, der Deinen Namen trägt" hat einen frommen Hintergrund. Heißt es doch darin: „Ich danke Gott dafür, dass er Dich mir geschenkt hat". Auch das letzte Lied vor dem Untergang der Titanic in dem berühmten Film ist ein Ausdruck ewiger Treue. Was meint Auferstehung mehr?! Auf *Kölsch* meint Auferstehung: *„Ich loss dich nie im Riss."*

Oft verwende ich Bilder bei der Trauerfeier. Von Johannes vom Kreuz, von Joseph Beuys oder von einem lokalen Künstler. Immer bin ich mindestens eine Viertelstunde vor der Beerdigung vor der Trauerhalle. Dann verteile ich die Bilder an die Trauergäste. So entsteht Kontakt und manchmal ein kurzes Gespräch. Wenn (ehemalige) Arbeitskollegen des Verstorbenen

gekommen sind, bekomme ich das mit und kann in der Trauerfeier darauf eingehen. Wenn Trauergäste Gestecke mitgebracht
haben, kann ich sie über den Hintereingang in die Trauerhalle
bringen. Weil die Mitarbeiter der Beerdigungsinstitute mit dem
Aufbau in der Halle beschäftigt sind, bemerken sie oft nicht,
wenn noch Gestecke ankommen.

Wenn Kinder bei der Trauerfeier dabei sind, ist es gut, auf sie
einzugehen. Beim Trauergespräch mache ich vorher den Vorschlag, dass die Kinder ein Bild oder ein Schmusetier mit ins
Grab geben. Auch Luftballons, die sie in den Himmel steigen
lassen, finde ich okay.

Bei uns in der Großstadt ist die Zeit für die Trauerfeier auf
den Friedhöfen auf eine halbe Stunde beschränkt. Es ist wichtig,
diese Zeit nie zu überziehen. Sonst kommen die Totengräber
unter Druck und die nächste Beerdigung auch. So ist ein guter
Trick, schon etwas früher anzufangen, falls alles aufgebaut und
der Organist schon da ist. Während die Musik erklingt, können
dann auch die letzten Trauergäste ankommen, bevor ich mit
der Feier beginne.

Auf einem unserer Friedhöfe war die Trauerhalle deutlich ver-
rußt und gierte nach einem Anstrich. So boten wir aus Höhen-
berg/Vingst der Stadt an, den Anstrich in den Sommerferien
mit ehrenamtlichen Jugendlichen zu übernehmen. Schließlich
hätten wir ja ein fahrbares Gerüst. Offensichtlich packte dies
die Verantwortlichen an ihrer Ehre. Am Ende der Ferien war
die Trauerhalle wunderbar renoviert und wir mussten nichts
machen.

Nicht selten möchten die Angehörigen beim Trauergespräch
eine Spende machen. Ich lehne dies ab und sage, es sei besser,
die Hilfe für Arme von der Beerdigung zu trennen. Und Gebühren gebe es ja in einem Land mit Kirchensteuer nicht. Dies

kann man auch anders handhaben, aber bei uns würde es nicht zum Stil der Gemeinde passen.

Den Angehörigen biete ich an, beim Sechswochenamt eine kleine Bewirtung in unserem Kirchencafé in Anspruch zu nehmen. Dies wird oft angenommen, weil sich dann der kleinste Kreis der Verwandten noch einmal treffen kann. Bei uns gibt es kaum Gaststätten, in denen das gut möglich wäre. Für manche Familie ist es auch zu teuer, bei uns ist es unentgeltlich. Und direkt im Nebenraum der Kirche.

Bei Exequien oder beim Sechswochenamt ist es gut, den Angehörigen Parkplätze zur Verfügung zu stellen, die es in der Großstadt kaum gibt. So öffnen wir die Poller vor der Kirche, damit die Autos direkt vor der Kirche parken können.

Vertrauen hilft

Wie wichtig die Beerdigungskultur ist, habe ich Karfreitag vor einem Jahr erlebt. Morgens wurde ich in ein Krankenhaus gerufen. Die Mutter einer jesidischen Familie mit sechs Kindern war verstorben. Mehr als hundert Jesiden waren dort, später sicher 200. Zwei Stunden lang habe ich einfach Rosenkranz gebetet, weil auch die Jesiden mit ihren Gebetsketten beteten. Danach hatten sie Vertrauen zu mir. Auch war ich als Priester erkennbar. Das Problem war, dass es in unserer Stadt keine Begräbnisstätte gab, die der jesidischen Religion und Tradition entspricht. So befragten die Ältesten der Jesiden die religiösen Autoritäten in Syrien, was zu tun sei. Obwohl die Familie lieber eine Beerdigung in unserer Stadt gesehen hätte, wurde beschlossen, die Verstorbene nach Syrien zu überführen. Ich rief den Chef der Kölner Friedhofsgenossenschaft an. Sogleich schickte er seine Leute und brachte die Verstorbene in seinem Kühlraum unter.

Auch half er sehr engagiert und ohne Profit bei der Überführung der Toten nach Syrien.

Uns wurde klar, dass in unserer Stadt ein Begräbnisfeld für die Jesiden nötig ist, auf dem sie nach ihrer Tradition beerdigen können. Der Chef der Friedhofsgärtnergenossenschaft, der Franziskanerbruder Jürgen und ich fanden beim Friedhofsamt der Stadt sehr verständnisvolle Mitarbeiter*innen. Schon die nächste Beerdigung war auf dem reservierten Feld der Jesiden.

Nicht alles, was wir in unserer Gemeinde initiieren, ist so speziell wie ein jesidischer Friedhof. Zwei kleine Beispiele: Zu Allerheiligen laden wir die Angehörigen der Verstorbenen des vergangenen Jahres ein, einige Wochen vorher per Brief. Recht viele nehmen dieses Angebot des Gedenkens an. Die Namen aller Verstorbenen werden in der Heiligen Messe verlesen; jeweils nach vier Namen spielt unser Kantor besinnliche Musik, gerne auf dem Cembalo.

Ausprobiert haben wir dieses Jahr ein neues Angebot: ein Trauercafé am Nachmittag von Allerheiligen in der Trauerhalle des städtischen Friedhofs. Mit Kaffee und Kuchen, kleinen Momenten der Besinnung und Angeboten für Kinder. Dies wurde schon beim ersten Mal so gut angenommen, dass wir es nächstes Jahr wieder machen.

6. Mit Musik

Musik ist im Gottesdienst am wichtigsten, finde ich. Die orthodoxe Kirche sagt: Musik ist die Sprache der Engel. Martin Luther zitiert Augustinus: Wer singt, betet doppelt. Was für ein Profit!

Schon immer hat die Musik in den Kirchen den Gesang der Menschen, also auch Schlager und Volkslieder, aufgenommen und teilweise fromm umgedichtet. Das ist eine uralte Tradition. Die Forscher zeigen uns, dass schon in den frühen Hochkulturen Trommeln, Gesang und Tanz zu den Geister- und Götterbeschwörungen gehörten. Es ging darum, die Angst zu verarbeiten, die Angst vor wilden Tieren, die Angst, dass die Ernte nicht reicht, die Angst vor dem Tod. Gemeinsames Singen und Musizieren, auch Tanzen, ist Ausdruck der Gemeinschaft. Musik ist solidarisch, auch Ausdruck gemeinsamer Hoffnung.

Wenn bei einer Beerdigung Händels *„Ombra mai fù"*, das *Largo*, oder Bachs *„Air"* erklingt, sind die Trauergäste im Herzen bewegt. Es sind ganz „weltliche" Stücke vom Ursprung her, doch sie verwandeln in der Wahrnehmung der Menschen die Trauer in Trost. Nicht wenige Menschen finden Glück und Trost in dem Lied „Ein Stern, der deinen Namen trägt".

Wenn in Köln bei Beerdigungen das Lied von Trude Herr gewünscht wird, „Niemals geht man so ganz", stimmt ja, was gesungen wird: „Etwas von dir bleibt hier". Das Geheimnis der Erlösung heißt Erinnerung!

Mancher mag denken: Was hat denn diese weltliche Musik im Gottesdienst zu suchen? Meine Antwort ist einfach: Sie gehört in den Gottesdienst, weil sie die Erfahrung der Menschen ausdrückt. Und die ist verschieden formatiert. Ich nenne das Beispiel der verschiedenen Radiosender von 1live bis WDR5;

den Deutschlandfunk bevorzugt der Liebhaber politischer Kommentare, den würde andauernder Pop eben stören. Aber wenn er allen anderen seinen Sender zwingend vorschreiben wollte, hätte er die Kommentare im Deutschlandfunk nicht verstanden.

Im Gottesdienst sollte das Musikformat erklingen, das zu den Besuchern passt. Zu ihrer Lebenswelt, zu ihrem Erfahrungsschatz. Wenn das geschieht, kann der Organist auch Unbekanntes präsentieren. Kinder zum Beispiel hören auch gerne eine lateinische Messe des Kirchenchores, wenn man ihnen vorher Sinn und Gestaltung erklärt.

„Wo man singt, da lass Dich ruhig nieder. Böse Menschen haben keine Lieder", lautet ein alter Spruch. Schön, wenn es stimmt. Es stimmt dann, wenn gemeinsam gesungen wird! Wenn also die Menschen mit verschiedenen Religionen, Biographien und Orientierungen zusammen musizieren. Es stimmt nicht, wenn die Trommler dem Heer voranschreiten.

Bei uns stimmt es bei den multireligiösen Feiern mit den Jugendlichen der Haupt- und Gesamtschule. Es erklingt Gesang als Koranrezitation, Weihnachtslieder singen wir gemeinsam, der Lehrerchor trägt vor. Ganz am Anfang singen wir sogar recht kindlich: „Wir sagen Euch an den lieben Advent". Wenn die vier Kerzen entzündet sind, schwebt der Adventskranz am Stahlseil nach oben. Hier gilt: Musik macht Freunde.

In Deutschland singen rund drei Millionen Menschen in Chören, Tendenz steigend, auch bei uns. Allerdings bevorzugen viele Projektchöre, die sich nicht jede Woche treffen, sondern vor einer Aufführung für ein Projekt einige Wochen zusammen proben. Dann ist wieder Pause. Musik ist heilsam, gerade in Zeiten der Beschleunigung und Digitalisierung der Lebenswelt. Musik im Chor ist analog.

Schon im Alten Testament der Bibel wird berichtet, wie der Hirtenjunge David König Saul durch sein Harfenspiel von einer Depression heilt. Die Mediziner sagen: Singen ist gut für die Rückenmuskulatur und die Sauerstoffversorgung des Körpers. Bei seelischen Problemen hilft singen im Chor, da sind sich die Therapeuten einig. Allerdings sagen die Ärzte auch, dass Alkohol, fettes Essen und wenig Schlaf der Stimme schaden. Aber das gilt ja wohl für fast alles.

Bei uns gibt es jedes Jahr Mottolieder für die Kommunionkinder und für unsere Kinderstadt im Sommer mit 600 Kindern. Eine Musiklehrerin dichtet den Text passend zum Motto, unser Kirchenmusiker komponiert die Melodie. So entstehen auch keine Probleme mit der Gema. Die Kinder machen zum Lied erklärende Bewegungen, das finden sie „cool". Nach kurzer Zeit kennen sie den Text auswendig.

Die Hirnforschung lehrt uns, dass die Hirnentwicklung durch Musik deutlich gefördert wird. Wenn Vater und Mutter mit dem Kind singen, der Kindergarten es pflegt, Musik zu machen, und später der Kinderchor oder ein Instrument dazukommt: besser kann es einem Kind nicht ergehen. In unserem armen Viertel schaffen die Familien vieles nicht allein. Also machen wir Musikprojekte in den Schulen oder führen mit den Kindergärten Musicals auf.

Unser Glück ist unser genialer Kirchenmusiker. Während der Gottesdienste entwickelt er die Liedauswahl oder improvisiert auf der Orgel passend zur Predigt. Niemals würden wir Seelsorger ihm einen Liederplan geben, die Musik ist seine Sache, er kann es besser. Natürlich ist er auch Mitglied im Seelsorgeteam und bei den Besprechungen dabei: Musik bleibt doch die schönste Form, den Glauben zu verkünden. Er leitet mehrere Chöre, singt mit den Kindern in den Kindergärten. Zu Fronleichnam stellt er ein Blasorchester mit acht Instrumenten zusammen, in den Händen vom Jugendlichen bis zum Senior. An Karfreitag begleitet er die Leidensgeschichte, die den Kindern erzählt wird, auf seiner großen Bassgeige. Auch die Erwachsenen haben Gänsehaut. Mehrere Oratorien hat er komponiert und mit Freundinnen und Freunden aufgeführt, zuletzt über Maria, die Muttergottes. Gut zweieinhalb Stunden lang, aber mit Pause.

Warum bleibt ein solcher Genius in unserer einfachen Vorstadtpfarrei? Ich habe ihn mit Absicht noch nie gefragt, vermute aber, weil er jede Freiheit hat und kräftig bei jedem Projekt unterstützt wird. Er kann sich Vertretung holen, sooft er will. Er muss nur dafür sorgen, dass immer jemand die Orgel im Gottesdienst spielt. Er hat Freude an Kindern. Mit den Erzieherinnen entwickelt er Musicals, zum Beispiel über Jona, die dann in der Kirche zur Aufführung kommen. Für die Kindergartenkinder großes Kino!

Nach jedem Gottesdienst, auch wochentags, spielt er nach dem Schlusslied noch ein Orgelstück oder improvisiert auf der Orgel. Danach gibt es immer Beifall, das Brot des Künstlers. Vielleicht ist es auch das, was ihn bei uns hält.

7. Mit Schule

Einige unserer Aktivitäten mit den Schulen sind interreligiöse Aktivitäten, die beschreibe ich im nächsten Kapitel. Die sexualpädagogischen Tage und die Trainingsstunden für Mädchen zur Körpererfahrung habe ich schon erwähnt.

Grundsätzlich gilt, dass wir die Schulen unterstützen, wo es geht. So arbeiten in unserer Gemeindewerkstatt Rentner auch für die Schulen. Sie versuchen, die Wünsche der Schulleiter*innen zu erfüllen. Der Schreiner stellte zum Beispiel Montessori-Material her und fertigte Rollbretter für den Sportunterricht, auch Bänke für den Unterricht im Kreis. Reparaturen an Schränken und Tischen gehören dazu.

Unser Kirchenmusiker hat drei Jahre lang jede Woche musikalische Früherziehung in einer Grundschule organisiert und zum Abschluss mit den Kindern ein Musical aufgeführt. Mit der Gesamtschule studierte er die *West Side Story* ein.

Als klar wurde, dass unsere Hauptschule aufgelöst werden sollte, haben wir eine Unterschriftensammlung durchgeführt, damit die Jugendlichen nicht auf andere Stadtteile verteilt werden. Wir konnten die Bezirksregierung überzeugen, dass das Wohl der jungen Menschen an erster Stelle stehen muss. Aber nun läuft die Hauptschule aus und die Gesamtschule hat schon viele Räume übernommen. Ohne unsere Unterstützung hätte das wohl nicht so geklappt. Die Rektorin durfte beamtenrechtlich keine Aktion starten; die Elternvertretung alleine zu lassen, kam uns nicht in den Sinn, zumal alle Elternvertreter*innen einen Migrationshintergrund hatten und mit Rechtsfragen der Schulverwaltung nicht vertraut waren.

Es gibt in den sechs Grundschulen in HöVi 1.200 Plätze im Offenen Ganztagssystem. Knapp die Hälfte der Eltern haben

Anspruch auf Unterstützung für das Mittagessen durch das sogenannte Bildungs- und Teilhabepaket (BuT). Daher müssen sie nur einen Euro pro Essen bezahlen, monatlich 20 Euro. Leider zahlen rund siebzig Eltern einfach nicht. Die Kinder müssen dann eigentlich aus dem Offenen Ganztag heraus. Dies beträfe gerade die Kinder, die die schulische Förderung besonders nötig haben. Die Rektor*innen möchten diese Kinder daher im Offenen Ganztag halten, dann müssen sie selbstverständlich auch zu Mittag essen können. Dafür stellen wir jeder Schule einen jährlichen Notfallfonds von eintausend Euro zur Verfügung, den wir bei Bedarf auch erhöhen.

Was ist gerecht? Nach dem Motto „Hier verkehrt, wer verzehrt" müssten die Kinder rausfliegen, deren Eltern nicht zahlen. Aber: Von den Kindern aus gesehen, sollte es ein Schulessen für alle geben. Das wäre wirklich gerecht. Eine Gesellschaft ist ungerecht, die nicht dafür Sorge trägt, dass alle Kinder einmal am Tag satt sind. In einem reichen Land sollte das nicht allein von den Eltern abhängen.

Letztes Jahr gab es eine Krise. Zwei unserer Grundschulen wurde das Schulobst vom Ministerium gestrichen. Durch eine Förderung der EU bekamen vorher alle Kinder jeden Tag ein Stück Obst. Wir konnten über die Abgeordnete, die uns im Landtag vertritt, leider keine Korrektur erreichen. So gingen wir betteln, und liebe Menschen halfen uns, tatsächlich 20.000 Euro zusammenzubekommen, damit wieder jedes Kind an den zwei Schulen das tägliche Obst erhält. Leider bekam eine der beiden Grundschulen auch dieses Jahr wieder eine Ablehnung des Antrags zugestellt. Wir kämpfen erneut und hoffen, dass es klappt.

Entscheidend ist: Die Schulleiter*innen wissen, dass wir auf ihrer Seite stehen. So konnten wir die Einrichtung des Schulcafés der Gesamtschule dank lieber Spender finanzieren. Die Realschule in der Nähe bekam Gitarren, eine Grundschule neue Orff-Instrumente. Auf die Lese-Clubs in den Schulen gehe ich an anderer Stelle ein, weil diese Idee Kreise gezogen hat und es bald 100 solcher Clubs gibt.

Selbstverständlich nehmen wir in der Gemeinde Schulprakti-kant*innen, besonders gern von der Förderschule. Sie arbeiten dann in der Kinderkleiderkammer oder bei der Lebensmittel-ausgabe mit. Wichtig finde ich, dass sie als Dankeszeichen zum Ende des Praktikums ein kleines Taschengeld erhalten.

Eine ehemalige Grundschulrektorin hat die Idee der Taschen-geldpatenschaften umgesetzt. Weil arme Kinder oft kein Ta-schengeld erhalten, erhalten sie von Pat*innen monatlich einen Betrag. Bei der nächsten Übergabe erzählen die Kinder, was sie mit dem Geld gemacht haben. Bei dieser Gelegenheit wirft die erfahrene Pädagogin natürlich auch einen Blick auf die Familie und stellt fest, wo weitere Unterstützung Sinn macht.

Einrad

Aufgrund des guten Miteinanders mit den Schulen konnten wir auf dem Gelände einer Grundschule einen Einradübungsplatz einrichten. Eine verstorbene Kinderkrankenschwester hatte aus ihrem Erbe dafür ihre Ersparnisse bestimmt: 70.000 Euro. Hier üben nicht nur die Schulkinder der Schule, sondern dank des Engagements einer Physiotherapeutin auch viele Kinder aus dem Stadtteil. Der Bodenbelag des Platzes ist weich, weil die Kinder ja auch hinfallen; es gibt Stangen zum Festhalten und weitere Hilfsmittel. In einem Container werden die Einräder gelagert. Da der Platz auf dem umzäunten Schulgelände liegt, kommt es nicht zu Vandalismus. Aus Spaß sage ich gerne: Es ist der einzige Einradübungsplatz auf der ganzen Welt. Bisher ist uns noch kein weiterer bekannt geworden. Wer einen kennt und sich meldet, bekommt ein Einrad von uns!

Ebenso sage ich gerne: Wenn ein Mädchen in die Pubertät kommt, benötigt es ein Pferd oder ein Einrad. Pferde ist bei uns schwierig, Einräder nicht. Es stimmt, in den Einradgruppen sind fast nur Mädchen. Einige können sogar auf dem Hochrad fahren und in der Gruppe Kunststücke vorführen. Für mich unglaublich!

Bei Schulfahrten oder Ausflügen helfen wir. Zum Beispiel sollten zwei Jugendliche nicht an der Abschlussfahrt der zehnten Klasse teilnehmen, weil die Eltern kein Geld hatten. Natürlich fuhren sie mit, nachdem der Lehrer uns informiert hatte. Wenn die Lehrer*innen es nicht alleine schaffen, organisieren wir den Ausflug, zum Beispiel in den Klettergarten oder zum Marionettentheater in Düsseldorf. Am liebsten ist uns natürlich, wenn die Lehrer*innen es hinbekommen ohne Unterstützung. In einem krassen Fall war das nicht möglich. Der Lehrer hatte eine Fahrt bei einem Reisebüro gebucht. Drei Tage vorher wurde klar, dass die Firma insolvent ist und das Geld verschollen. Da hieß es in den sauren Apfel beißen und mit Hilfe guter Menschen 7.000 Euro aufbringen, sodass die Jugendlichen fahren konnten.

Gleiches ist uns auch in der Pfarrei passiert. Unsere Jugendlichen wollten sich in Guatemala engagieren und in einem Dorf beim Schulbau helfen; Buchung des Fluges bei einem günstigen Anbieter. Kurz vor Abreise war das Geld futsch. Zum Glück war die Fluggesellschaft so wunderbar nett, dass alle dennoch fliegen konnten, natürlich nicht unentgeltlich. Wir haben danach einen Titel erreicht, aber einem nackten Mann kannst du nichts aus der Tasche holen.

Nun ein kleiner Tipp: Oft suche ich ein kleines Geschenk, um eine Lehrerin zu ihrem Abschied zu erfreuen oder Ähnliches. Blumen gehen immer, sind aber kein Zeichen von Kreativität. Es gibt das berühmte Bilderbüchlein „Freunde" von Helme Heine. Es wurde in 17 Sprachen übersetzt, darunter auch türkisch und französisch. Als ich meinen Vorrat kaufte, kostete es 5,95 Euro, inzwischen kostet es etwas mehr. Bisher kam das winzige Geschenk immer super an und ich konnte bei meinen Dankesworten auf seinen Inhalt eingehen; dem Autor Helme Heine sei Dank. In diesem Büchlein halten drei Freunde zusammen: das dicke Schwein Waldemar, die Maus Johnny Mauser und Franz von Hahn, also ein stolzer Hahn mit einem Federschweif in Regenbogenfarben. Auf dem letzten Bild des Buches stehen drei Freunde auf Wolken unter dem Sternenhimmel. Darunter steht: „Im Traum begegneten sie sich, denn echte Freunde träumen voneinander."

8. Multireligiös leben

Am letzten Schultag vor den Weihnachtsferien kommen knapp
500 Schülerinnen und Schüler der Haupt- und der Gesamtschule in unsere Kirche zur multirelgiösen Feier. Einzelne Klassen haben Beiträge vorbereitet, Gedichte, Lieder oder kurze
Szenen. Der Leiter der Gesamtschule singt mit drei Lehrerinnen a cappella „Maria durch ein Dornwald ging" und andere
Weihnachtslieder, ein Jugendlicher rezitiert Koranverse, der
Imam und der evangelische Pfarrer halten kurze Ansprachen,
ich moderiere die Feier.

Die Jugendlichen klatschen nach jedem Beitrag, das ist ihre
Art, Anerkennung auszudrücken. Der Schulchor der Lehrerinnen wie auch der Chor der Schülerinnen treten auf, am Schluss
singen sie mit allen in der Kirche „Feliz navidad". Manchmal
singen wir auch *„Echte Fründe ston zesamme",* ein *kölsches* Lied,
das ja irgendwie auch gut zu Weihnachten passt. Schließlich
wurde Jesus Mensch aus Freundschaft Gottes mit uns. Dies
betonte jedenfalls auch der Imam, der schilderte, wie wichtig
Maria, Josef und Jesus im Koran sind.

Wir drei, ein Imam, der evangelische Pfarrer und ich, sind
immer dabei. Wir versuchen jeweils, weitere Geistliche ein-
zubinden. So haben wir einmal mit einem Aleviten, mal mit
einem Rabbiner, mal mit einem Sikh unsere Aufgaben in der
Feier übernommen.

Letzterer kam mit blauem Turban und Krummdolch. Natürlich waren die Jugendlichen, die zur Sikh-Gemeinschaft gehören, besonders stolz ob solcher „Bühnenpräsenz". Eigentlich
hätte er nichts mehr sagen brauchen, der Auftritt hätte genügt.
Dies meint nicht „Show", sondern den Kern: Die jungen Menschen möchten sich mit ihrer Religion identifizieren, finden

aber oft nicht die passenden Partner oder das hinreichende Format. So gibt es zum Beispiel in der Hauptschule keine einzige Stunde katholischen oder evangelischen Religionsunterricht. Nicht etwa, dass die Schulleiterin das nicht wollte, im Gegenteil! Aber es sind dafür keine Lehrkräfte zu finden. So liegt die Aufgabe, Religion in der Schule präsent zu halten, bei der muslimischen Lehrerin, die religiöse Themen in den Unterricht einbringt. Im engen Kontakt mit ihr machen wir auch Ausflüge mit ganzen Klassenstufen, zum Beispiel in ein Franziskanerkloster in der Eifel. Ich mache mit den muslimischen Frauen des Müttercafés der Schule Besichtigungen, zum Beispiel im Völkerkundemuseum oder im Kölner Dom. Sehr wichtig ist es, danach die Frauen ins Eiscafé oder in die Pizzeria einzuladen. Zum einen können sie sich dies zumeist selbst kaum leisten, zum anderen ist Gastfreundschaft eine zentrale Gesellungsform aller Religionen.

Bei der multireligiösen Feier vor Weihnachten ist unser Kirchenmusiker eine entscheidende Person. Zusammen mit der Lehrerin, die den Schulchor leitet, stellt er das musikalische Programm zusammen und übt vor allem mit dem Chor in der Kirche. Auch probt er mit den Jugendlichen aus verschiedenen Klassen das Sprechen vor dem Mikrofon und die szenischen Darstellungen. Dann stellt er den Ablaufplan zusammen. Weil die musikalischen Teile der Feier wohl die wichtigsten Elemente sind, ist es wunderbar, dass unser Kirchenmusiker diese Aufgabe mit Freude übernimmt.

Manche fragen, ob denn die multireligiösen Feiern überhaupt erlaubt sind. Sie sind nicht nur erlaubt, sondern erwünscht. Alles bei uns geschieht nach den Richtlinien der Bischofskonferenz – die sind nämlich gut. Es wäre zum Beispiel sinnlos, gemeinsam das Vaterunser zu beten. Aber es ist sinnvoll, wenn ein Jugendlicher Koranverse vorträgt und den anderen zeigt, wie sich seine Religion im Gebet verdichtet. Am Ende der Feier tragen Schülerinnen und Schüler Wünsche vor, wir Christen würden sie Fürbitten nennen. Wünsche für ein gesegnetes Weihnachtsfest, für den Frieden in der Welt, für ein gutes Miteinander in der Schule. Sie sind der Ausdruck des Wohlwollens füreinander. Wahrscheinlich wäre die multireligiöse Feier nicht möglich, wenn nicht das ganze Jahr über Christen, Muslime und andere Menschen guten Willens sich gemeinsam um das Wohl des Viertels bemühten. So spüren die Schülerinnen und Schüler, dass sich in der Feier vor Weihnachten verdichtet, was im Alltag getan wird.

Nach der multireligiösen Feier bekommen alle eine Tüte mit Süßem und Obst. Eine andere Form der Gastfreundschaft geht bei der großen Zahl der Schüler*innen und Lehrer*innen nicht.

Dialogpraxis

Das Jahr über gibt es einige Angebote besonders für die muslimischen Mitbürgerinnen. Wir arbeiten gut mit dem Bürgerzentrum zusammen. Für die Mütter mit Migrationshintergrund veranstalten wir Fahrradkurse – für die Frauen eine große Sache: Ihre Kinder sind stolz auf die Mütter, und dank des Rades vergrößert sich ihr Radius auch geographisch sehr. Am Schluss des Kurses erhält jede ein Fahrrad aus unserer Werkstatt geschenkt.

Ähnlich ist es bei den Nähkursen. Das Bürgerzentrum veranstaltet sie, wir sorgen für die Nähmaschinen. Ein Aufruf beim Sonntagsgottesdienst reicht für mindestens 15 Nähmaschinen. Die jungen Menschen, die im Basement unserer Kirche den Gabelstaplerführerschein machen, sind fast alle türkischstämmig.

Dialog geschieht bei uns vor allem praktisch, weniger durch Gespräche oder Vorträge. Im Ramadan kommen etwa auch muslimische Mitbürgerinnen zu mir und übergeben ihre Ramadan-Spende für arme Menschen; ich wisse ja, wer etwas nötig habe. Umgekehrt entstand bei uns die Idee, den großen Moscheebau in Köln zu unterstützen.

Als unsere neue Kirche St. Theodor fünf Jahre alt wurde und wir ihre Vorzüge im Alltag der Gemeinde schätzen gelernt hatten, im Jahr 2007, haben wir im Pfarrgemeinderat überlegt, wem wir aus Dankbarkeit etwas schenken könnten. Die evangelische Gemeinde, die uns in der Bauzeit aufgenommen hatte, hatten wir schon mit einer Krippe beschenkt. Nun entstand die Idee: Wir sammeln für die neue Zentralmoschee in Köln, die gerade geplant wird. Gesagt, getan – aber erst nachdem wir die Verantwortlichen der Moschee eingeladen hatten und sie ihr Okay gaben. Das Echo auf die Kollekte hatten wir nicht erwartet: Alle Zeitungen berichteten, Fernsehteams rannten uns die Bude ein. Was für uns normal war, war wohl noch nicht üblich. Inzwischen ist eine solche Kollekte auch an anderen Orten normal.

Einmal in meinem Leben bin ich straffällig geworden, Bußgelder für Geschwindigkeitsüberschreitungen nicht eingerechnet. Zum Glück hatte ich nie Punkte in Flensburg. Die rechtsradikale und ausländerfeindliche Partei Pro Köln hatte in der ganzen Stadt Plakate gegen die Großmoschee aufgehängt, besonders vor den Kirchen, auch vor unserer. Ich hatte sie noch gar nicht gesehen, weil sie so hoch hingen, als muslimische Frauen kamen und sagten: „Haben Sie sich geändert, dass jetzt vor der Kirche diese Plakate hängen?" Sogleich habe ich die zwei Plakate abgehängt. Es war schwer zu vermitteln, dass die Kirche damit nichts zu tun hatte. Natürlich war das Diebstahl, und

Pro Köln hat mich angezeigt, als die Presse von meiner Tat berichtete. Ich habe knapp 300 Euro bezahlt und erklärt, dass ich das nicht wieder tun würde. Ein Richter riet mir, den Rechtsweg weiter zu verfolgen, ich hätte gute Chancen. Aber dazu war mir meine Lebenszeit zu schade. Rechtsphilosophisch hat mir Aristoteles geholfen. Im fünften Buch seiner Nikomachischen Ethik beschreibt er den Grundsatz der Epikie (die Billigkeit, das Angemessene): Manchmal muss das Ziel des Rechtes durch Übertretung von Gesetzen gesichert werden. Dies hatte ich an der Uni in einem Seminar gelernt. Jetzt erkannte ich, dass das Studium manchmal doch dem praktischen Leben nützt.

Alle Geistlichen in Höhenberg und Vingst haben gemeinsam eine Tour durch die Gotteshäuser unserer Viertel gemacht. Die Idee hatte ein Mann aus dem Vorstand unserer beiden Moscheen. Wir starteten in der evangelischen Kirche. Das Thema war „Wasser". So stellte der evangelische Pfarrer den Taufbrunnen vor und erklärte, was die Taufe für Christen bedeutet. Interessant war hier auch die Betonskulptur auf der Kanzel: Jona im Bauch des Walfisches im Wasser des Meeres. In der Moschee ging es dann um die Reinigungsriten vor dem Eintritt in das Gotteshaus. In unserer katholischen Kirche war das Weihwasserbecken das erste Thema, dann die Reinigung der Hände in der Eucharistiefeier. Auch zeigte ich ein Behältnis mit Lourdes-Wasser, eine Muttergottes aus Plastik mit abschraubbarem Kopf. Der Weihwassersprengel durfte auch nicht fehlen. Danach trafen wir uns im Kirchencafé zu Getränken und einem kleinen Imbiss.

Für den nächsten gemeinsamen Weg zwischen den drei Gotteshäusern gibt es schon einen Vorschlag, nämlich Fasten als Thema zu nehmen. Hierbei sind sicherlich die Muslime unser Vorbild!

Beide Moscheen in unserem Stadtteil haben Patenschaften für Blumenbeete übernommen, die wir bepflanzen. Die Moscheen besorgen das Gießen.

Missverständnisse bearbeiten

Praktische Hilfe ist auch bei vielen weiteren kleinen und größeren Dingen angesagt. Eine türkische Mutter mit einem drogensüchtigen Sohn bittet um Hilfe, ihr kann ein türkischsprechender Drogenberater vermittelt werden. Eine muslimische Lehrerin sucht eine Wohnung, der stellvertretende Imam auch – hier ist die Unterstützung ganz einfach: Für die Wohnungsbaugesellschaft sind sie doch ideale Mieter, für unser Viertel ein Gewinn! Oft beeindruckt uns Christen die Gläubigkeit der muslimischen Nachbarn. So halten sie wirklich den Ramadan, während wir Christen eher dann fasten, wenn wir abnehmen wollen. Kürzlich bei einer Krankensalbung im Krankenhaus: So intensiv und mitfühlend waren selten Anwesende im größeren Krankenzimmer dabei wie die drei muslimischen Angehörigen, die ihren kranken Vater besuchten, während ich dem Katholiken im Zimmer das Sakrament spendete.

2011 stellte die türkische Künstlerin Ayse Tasci-Steinbach in der Kirche Fotografien von Frauen mit Kopftuch oder Schleier aus. Von den Gesichtern sah man fast nichts, von den Persönlichkeiten sehr viel! Auch eine jüdische Frau war abgebildet, die ihr Haar mit einer Perücke verdeckte. Eine Gruppe muslimischer Jungs betrachtete die Fotoausstellung durch die Fenster und regte sich auf: Sie sahen es als Angriff auf ihren Glauben. Zum Glück bekam eine unserer ehrenamtlich tätigen Frauen dies mit und konnte die jungen Leute vom Gegenteil überzeugen. Auch das gehört zum Alltag: Missverständnisse bearbeiten. Bis wir so gut und intensiv interreligiös miteinander leben konnten, war es für unsere katholische Kirche ein langer Weg.

Vor 150 Jahren veröffentlichte Papst Pius IX. den „*Syllabus errorum*", eine Liste von achtzig Irrtümern der modernen Welt. Verurteilt werden darin „Ideologien" wie Sozialismus, Kommunismus, Freimaurerei und Demokratie. Im Kern bedeutete das, Moderne und Katholizismus sind völlig unvereinbar. Gewissensfreiheit, Religionsfreiheit, Meinungsfreiheit sind vom Teufel, über die Gewissensfreiheit heißt es, sie sei ein „*deliramentum*", ein Wahnwitz.

Es hat einhundert Jahre gedauert, bis das Zweite Vatikanische Konzil diese Sicht der Welt korrigierte. Wolfgang Böckenförde bezeichnete das Konzil Anfang der 60er Jahres des 20. Jahrhunderts gar als kopernikanische Wende der Kirche. An die Stelle des absoluten Rechtes der Wahrheit tritt das Recht der Person.

Vor fünfzig Jahren veröffentlichte das Konzil die Erklärungen „*Nostra aetate*" („In unserer Zeit") zu den nichtchristlichen Religionen und „*Dignitatis humanae*" („Die Würde des Menschen") über die Religionsfreiheit. Nun gilt nicht mehr der alte Grundsatz: *extra ecclesiam nulla salus,* außerhalb der Kirche gibt es kein Heil. In der Erklärung zu den nichtchristlichen Religionen steht: „Wir können Gott, den Vater aller, nicht anrufen, wenn wir irgendwelchen Menschen, die ja nach dem Ebenbild Gottes geschaffen sind, die brüderliche Haltung verweigern. Das Verhalten des Menschen zu Gott, dem Vater, und sein Verhalten zu den Menschenbrüdern stehen in so engem Zusammenhang, dass die Schrift sagt: „Wer nicht liebt, hat Gott nicht erkannt." (1 Joh 4,8)."

Gemeinsame Freiheit

Daraus folgt konsequenterweise die unbedingte Freiheit des Glaubens und der Religionen. Wie es die Erklärung über die Religionsfreiheit, die zwei Monate später verabschiedet wurde, formuliert: „Es ist eine offene Tatsache, dass alle Völker immer mehr eine Einheit werden, dass Menschen verschiedener Kultur und Religion enger miteinander in Beziehung kommen und dass das Bewusstsein der eigenen Verantwortlichkeit wächst. Damit nun friedliche Beziehungen und Eintracht in der Menschheit entstehen und gefestigt werden, ist es erforderlich, dass überall auf Erden die Religionsfreiheit einen wirksamen Rechtsschutz genießt und dass die höchsten Pflichten und Rechte des Menschen, ihr religiöses Leben in der Gesellschaft in Freiheit zu gestalten, wohl beachtet werden."

Zu dieser fundamentalen Erkenntnis gelangte die katholische Kirche später als unser Grundgesetz für die Bundesrepublik Deutschland vom 23. Mai 1949. Dort steht in Artikel 4: „Die Freiheit des Glaubens, des Gewissens und die Freiheit des religiösen und weltanschaulichen Bekenntnisses sind unverletzlich." Die Kirche begreift das spät, aber zum Glück nicht zu spät.

In der Erklärung des Konzils zu den nichtchristlichen Religionen heißt es über die Muslime und die Juden, dass sie mit uns Christen den einen Gott anbeten. Im Koran gibt es diesen Satz: Unser Gott und euer Gott ist einer. Papst Paul VI. ist sogar einmal über dieses Ziel hinausgeschossen, als er bei einer Rede in Casablanca sagte, wir glaubten an denselben Gott. Ich denke, es reicht, wenn wir den gleichen Gott anbeten.

Interessant ist, wie der Koran die Unterschiede der Religionen betrachtet. In der Sure 5,48 steht: Hätte Gott es gewollt, hätte er euch zu einer Religion gemacht. Gott wollte also den Wettbewerb um das Gute!

Im Blick auf die Einsichten des Konzils ergeben sich fünf Grundsätze für das Miteinander der Religionen:

1. Hochachtung und Respekt sind unverzichtbar.

2. Das Zweite Vatikanische Konzil zählt die Gemeinsamkeiten auf: Gebet, Fasten, Almosen geben.

3. Es gibt natürlich Unterschiede in der Gottesvorstellung. Für Muslime ist Jesus ein Prophet, nicht der Sohn Gottes. Dreifaltigkeit ist im Gespräch mit Muslimen für diese ein Rätsel. Für Juden ist Christus nicht der Messias.

4. Die Geschichte der Missverständnisse sollten wir hinter uns lassen.

5. Der gemeinsame Einsatz für Frieden, Gerechtigkeit und Bewahrung der Schöpfung ist der gemeinsame Auftrag zur Gestaltung der Welt. Der Theologe Hans Küng hat dies prägnant auf den Punkt gebracht: „Kein Friede der Nationen ohne Frieden der Religionen."

Bei den Friedensgebetstreffen in Assisi wird immer wieder deutlich, was Papst Benedikt XVI. betont hat: Die Magna Charta des Dialogs der Religionen ist die gemeinsame Sorge um Frieden und Gerechtigkeit.

9. Alle Priester

Den Kindern sage ich gerne: „Wir sind eine Mitmach-Kirche. Also sagt bitte, wenn ihr eine Idee habt, oder wenn ihr etwas seht, was sonst keiner bemerkt, oder wenn euch etwas stört."

Es gilt also in der Gemeinde nicht: „Wer darf was?", sondern: „Wer kann was?" Fromm ausgedrückt lautet das so: Wer hat welches Charisma, welche Begabung? So benötigten wir für unsere Kinderstadt HöVi-Land in den Sommerferien einen dritten Toilettenwagen. Zwei waren einfach zu wenig für 800 Menschen, 600 Kinder plus jugendliche und erwachsene Betreuer. Woher nehmen und nicht stehlen? Auf keinen Fall wollten wir eine Galerie von Dixi-Klos aufstellen; es gibt davon bei uns nur ein einziges: eine Toilette für die behinderten Kinder im Rollstuhl, das lässt sich kaum anders machen.

Wer kann was? Einer kann gut im Internet recherchieren. Also findet er ein Angebot in der Eifel: Toilettenwagen mit zwei Abteilungen. Ein anderer kann am Wochenende einen LKW mit Anhängerkupplung organisieren, um das Teil abzuholen. Der Dritte ist verhandlungssicher. Weil der Wagen einen durchgefaulten Holzboden hat, handelt er den Kaufpreis um 2000 Euro herunter. So hat der Vierte, der das Geld erbetteln muss, es etwas einfacher. Mit dem Holzboden kommt der Fünfte ins Spiel, ein Zimmermann. Der Vater von zwei Kindern, die in der Kinderstadt mitmachen, sieht es als seine Ehre an, den Boden zu erneuern. Darauf kommt nun ein Plastikboden, der gut zu reinigen ist. Den kann der Sechste günstig besorgen. Der Siebte hatte sich von Anfang an bereit erklärt, das neue Gefährt an die spezielle Kanalisation der Kinderstadt anzuschließen. Die basiert nämlich auf einer starken Pumpe, „Scheißpumpe" genannt, die alles in einen Güllewagen transportiert, den wir von einem Bauern erstanden haben. Da es in der Kinderstadt in einem kleinen Wäldchen natürlich keine Kanalisation gibt, wird alles aus den Toilettenwagen zur entsprechenden Entsorgung gefahren. Übrigens hat der Siebte auch eine Ersatzpumpe besorgt, wenn die andere einmal ausfällt.

Versorgen und entsorgen, das ist der Alltag des Lebens. Schöner gesagt: „Der Alltag ist der Weg zu Gott" – hatten wir schon: Franz von Sales. Was die sieben Menschen für die Kinder machen, ist eindeutig Gottesdienst. Was denn sonst? Wer das frommer betrachten will, für den hat die Mystikerin und Kirchenlehrerin Teresa von Àvila vor 500 Jahren formuliert: „Ob wir Gott lieben, wissen wir nie in unserem Leben ganz genau. Ob wir unseren Nächsten lieben, merkt man jeden Tag." Der Toilettenwagen: Der ist Nächstenliebe pur.

Mehr als zehn Jahre hat unser evangelischer Pfarrer jeden Abend die beiden Toilettenwagen in unserer Kinderstadt Hö-Vi-Land geputzt, ganz alleine. Nun braucht er Hilfe, drei Wagen sind zu viel für einen. Warum ist es gut, wenn der Pfarrer die Toiletten putzt?

Die Antwort findet sich in der Bibel. Paulus beschreibt die Mitmach-Kirche in seinem ersten Brief an die Christen in Korinth mit dem Bild von dem einen Leib und den vielen Gliedern. Alle Teile am Körper sind wichtig. Die Niere kann nicht zur Leber sagen: Dich brauchen wir nicht. Oder der Arm zum Bein: Du bist überflüssig! Der Kick kommt in den Versen 24 und 25 des zwölften Kapitels: „Gott aber hat den Leib so zusammengefügt, dass er dem geringsten Glied mehr Ehre zukommen ließ, damit im Leib kein Zwiespalt entsteht, sondern alle Glieder einträchtig füreinander sorgen." Das scheinbar unwichtigste Glied ist also das wichtigste, weil es die anderen vor Eitelkeit und Hoffart bewahrt.

So macht unser evangelischer Pfarrer vielleicht den wichtigsten Job, das, was niemand sonst gerne machen will. In Indien sind es die Unberührbaren, die die Entsorgung übernehmen müssen. Ein Brahmane würde dies niemals tun. Der evangelische Pfarrer zeigt, wie Hierarchie christlich funktioniert, nämlich von unten. Zugleich gibt sein Handeln einen guten Hinweis darauf, wie Christen ein Verständnis vom „allgemeinen und besonderen Priestertum" gewinnen können.

Spezielle Priester

Seit dem Zweiten Vatikanischen Konzil (1962 bis 1965) ist allen Katholiken klar, dass alle Getauften und Gefirmten die gleiche Würde vor Gott haben. Sie nehmen teil am allgemeinen Priestertum. Warum gibt es aber dann noch ein spezielles Priestertum? Warum werden noch manche zum Priester geweiht? Sie sollen „*in persona Christi*" tätig werden. Was bedeutet das in einer Mitmach-Kirche? Wo doch sowieso alle gleich viel wert sind und ihre Fähigkeiten, bei Paulus Charismen genannt, einbringen? Die Priester sollen speziell klarmachen, was Christus will: nämlich einander dienen. In der Wirtschaftssprache ausgedrückt: Ihr Produkt ist Service. In der biblischen Sprache, bei den Evangelisten Matthäus und Markus heißt das so: „Denn auch der Menschensohn ist nicht gekommen, sich bedienen zu lassen, sondern zu dienen und sein Leben hinzugeben als Lösegeld für viele." (Mt 20,28 und Mk 10,45). Also ist klar: „Wer unter euch der Größte sein will, soll euer Diener sein, und wer unter euch der Erste sein will, soll euer Knecht sein." (Mt 20, 26 und Mk 10,44).

Das jüngste Konzil hat mit der alten Vorstellung vom speziellen Priestertum aufgeräumt. Abschied von Hochwürden. Im alten *Catechismus Romanus* hieß es doch glatt, die priesterliche Ordination, die nicht einmal den Engeln zukomme, sei eine „so hehre Funktion, dass dem *consecrator* (dem Weihenden, also dem Bischof) sozusagen die Allmacht Gottes zur Verfügung steht". Daraus wird dann geschlossen: „Daher die Priester mit Recht nicht nur Engel, sondern Götter genannt werden." Also galt: Ohne Priester kein Heil! Er war der Lieferant himmlischer Gnadenschätze in der Gnadenanstalt Kirche.

Ganz anders das Konzil. Es betont das allgemeine Priestertum aller Getauften und Gefirmten. Und nennt es „*sacerdotium commune*". Das spezielle Priestertum wird „*sacerdotium ministeriale*" genannt. „Minister" meint hier nicht den Minister in der Regierung, sondern Minister ist der Diener (lat.: *ministrare* – dienen)! Was ja im Kern auch in der Politik gelten soll. In der deutschen Übersetzung des Konzilstextes heißt es dann „Dienstamt". Offensichtlich kommen wir Deutschen nicht so leicht vom Amt weg. So heißt das freiwillige Engagement auch „Ehrenamt", obwohl es ja alles andere ist als ein Amt.

Zum Glück verwendet das Konzil noch andere Begriffe als Kennzeichnung des speziellen Priestertums. *Verum servitium*, wahrer Dienst, oder *diakonia*, Liebesdienst. Schon 1938 schrieb der damalige Stadtdechant von Köln, Robert Grosche: „Der Geistliche ist nicht für sich selbst, sondern für die Gemeinde da." Mit der Gemeinde tritt der Priester vor Gott, den Vater. Dies geschieht zusammen mit Christus, dem Sohn des Vaters. Er ist, wie Paulus sagt, das Haupt des Leibes mit den vielen Gliedern. Ganz wichtig: Das Gegenüber zur Gemeinde der Getauften und Gefirmten ist also auf keinen Fall der Priester, sondern Gott, der Vater! Damit dies klar wird, gibt es die Priester. Theologisch ausgedrückt: Ihr Dienst ist „*in persona Christi agere*". Mit Christus und der Gemeinde vor Gott, den Vater treten, um im Heiligen Geist zu begreifen: Christus, der Menschensohn, ist nicht gekommen, um sich bedienen zu lassen, sondern um den Menschen zu dienen. Nur wenn dies auch rüberkommt, macht ein spezielles Priestertum Sinn. Als Dienst in einer Mitmach-Kirche.

Dies wurde mir in einer evangelischen Kirche vor Augen geführt. Ich nahm teil an der Einführung von zwei Predigthelferinnen. Die Geistlichen, Frauen wie Männer, und andere legten ihnen die Hände auf und segneten sie. Bei ihrer ersten Predigt sagte eine der beiden: „Ich bin jetzt eine Vermittlerin zwischen Gott und den Menschen." Das hat mir gut gefallen, denn es erinnerte mich an den theologischen Gedanken *„in persona Christi agere"*. Sie sieht sich als Vermittlerin, als Agentin. Wie in einer Versicherungsagentur. Klar, die Versicherungsagentur vermittelt Versicherungen, aber die Agentin oder der Agent braucht auch selber eine Versicherung! Er/sie bewirkt also für die Kunden, was er und sie selber benötigt. Agent des Heiles Gottes, nicht Lieferant!

Unser evangelischer Pfarrer im Toilettenwagen bringt mich noch auf einen weiteren Gedanken, der Sinn und Ziel eines speziellen Priestertums beleuchten kann: Es hat die Ausfallbürgschaft. Was keiner machen will, macht er. Das gilt nicht nur in der Kinderstadt. Der Geistliche oder die Geistliche, letztere bisher nur in der evangelischen Kirche, kümmert sich um die Menschen, die so schnell keiner haben will, die am Rand vergessen werden. Papst Franziskus sagt es direkt: „Geht raus, habt keine Angst und dient." Das gilt natürlich für alle Christen, aber die Geistlichen sollten vielleicht noch ein wenig weiter rausgehen.

Bei allem gilt, was der verstorbene Mainzer Kardinal Karl Lehmann auf den Punkt gebracht hat: „Das geistliche Amt besteht seinem Wesen nach nicht in einer Steigerung oder Intensivierung des Christseins." Das Konzil sagt es theologisch so: *„essentia non gradu tantum",* nicht dem Grad, nicht dem Umfang nach ist das spezielle Priestertum unterschieden, sondern der *essentia* nach, also der Berufung, der Rolle nach. Die meisten Christen sind von Gott berufen, eine Ehe einzugehen und Kinder aufzuziehen. Wenige andere sind zum Klosterleben berufen und einige zum speziellen Priestertum. Ein Dienst neben anderen Diensten.

Manchmal gibt es Rückfälle in die Zeit vor dem Konzil. Im Fernsehen lief ein Film über die sehr konservative Piusbruderschaft, um deren Rückkehr in die katholische Kirche sich Papst Franziskus besonders bemüht hat. Die jungen Männer, die am nächsten Tag in dieser Gemeinschaft zu Priestern geweiht werden sollen, kehren vor dem Seminarhaus, in dem sie wohnen, mit Reisigbesen den Hof. Dazu ist zu hören: „Zum letzten Mal verrichten sie niedere Dienste." Das ist genau das Gegenteil zu dem, was das Konzil will. „Niedere Dienste": Genau dies ist das Merkmal des speziellen Priestertums.

Für die Mitmach-Kirche gilt: Jede und jeder kann etwas, keiner oder keine kann nichts, niemand kann alles.

Alle speziell

Und es gilt, was Gisbert Greshake in seinem Priesterbuch ausführt: Das spezielle Priestertum führt nie zu Auserwähltheit, sondern immer zum „schmutzigen Dienst". Also genau zu unserem evangelischen Pfarrer im Toilettenwagen. Papst Franziskus will eine „verbeulte Kirche", er will unbedingt, dass die Geistlichen den Geruch der Schafe annehmen, wie er es in seiner recht drastischen Sprache formuliert. Man kann also sagen: In einer Mitmach-Kirche stinken die Geistlichen am meisten.

Unsere lebenskluge ehemalige Küsterin, jetzt im gesegneten Alter von 86 Jahren in einem guten Seniorenhaus, hat mir einmal gesagt: „Du kannst nicht ein schönes Leben haben und ein guter Priester sein." Ich finde zwar, dass ich ein schönes Leben habe, Gott sei Dank, aber was sie meinte, stimmt: Der Priester ist nicht für sich da, sondern für die Gemeinde. Er kann nicht Dienst nach Vorschrift machen, er hat die Ausfallbürgschaft, er muss die Toilette putzen. Ich gebe aber zu, dass ich froh bin, dass dies bei uns der evangelische Pfarrer übernommen hat.

Manchmal sagt jemand zu mir: „Sie sind doch der Hausherr." Natürlich nicht! Das ist der Kirchenvorstand, der sich um die Gebäude kümmert, zum Glück sehr gut. Auch ist der Pfarrer zumeist nicht der „Letztverantwortliche". Das ist er nur gegenüber den Armen, wenn niemand sonst helfen kann, dann ist es sein Dienst. Letztverantwortlich ist immer die oder der, die oder der die meiste Ahnung hat. Also im Kindergarten die Leiterin, bei den Pfadfindern der Stammesvorstand, im Büro die Sekretärin.

Bei uns gilt: „Wer es macht, hat die Macht." Sie oder er ist verantwortlich, im Dienst, auch wenn es darauf ankommt, meinetwegen letztverantwortlich.

10. Das Geld

Wenn Gruppen unsere Kirche St. Theodor und die sozialen Räume im Basement besuchen, kommt bei der Bewirtung danach im Kirchencafé immer die Frage: „Und wie finanziert ihr das alles?"

Die Antwort ist einfach: hauptsächlich durch Spenden. Natürlich versuchen wir auch ab und zu, von Stiftungen Gelder für einzelne Projekte zu erhalten. Dadurch wird etwa der Stadtteiltreff finanziert, der in einem besonders angespannten Quartier im Stadtteil ist.

Dort gibt es ein Frauencafé, einen Mädchentreff und Lernförderung für die Kinder. Ähnlich ist es mit einem Bewegungsangebot nur für Frauen in einer Schulaula. Diese Finanzierungen sind jeweils zeitlich begrenzt.

Entscheidend sind die Spenderinnen und Spender. Langsam, aber stetig wurden Menschen auf unsere Aktivitäten aufmerksam. Besonders interessant finden viele, dass wir ökumenisch zusammenarbeiten. Bevor wir Geld annehmen, bitten wir die Menschen, einen Besuch bei uns zu machen. Wir möchten vor Ort zeigen, was läuft. Es soll also eine Beziehung entstehen. Und wir sagen sogleich, dass die alte Dame, die im Jahr 20 Euro beiträgt, genauso behandelt wird wie die oder der, welche*r 100.000 Euro zur Verfügung stellt. Das ist allerdings erst dreimal vorgekommen.

Dreimal im Jahr schicken wir den Wohltäterinnen und Wohltätern Informationen zu mit vielen Fotos und kleinen Berichten, auch mit Zeitungsartikeln über uns. Besonders viele Artikel erscheinen im Sommer über unsere Kinderstadt. So sehen die Menschen, was mit ihrem Geld unternommen wird. Wir laden auch dazu ein, die Kinderstadt oder den Gottesdienst am Sonntag zu besuchen.

Jede Spenderin und jeder Spender erhält neben der Spendenquittung einen Dankbrief, teilweise gedruckt, aber auch immer mit einem handschriftlichen Dank. Ein kleines besinnliches Heft oder ein Büchlein schicken wir auch mit. Die meisten Unterstützer*innen sind ältere Menschen. Sie schätzen diesen persönlichen Dank.

Nur unserem Infobrief vor Weihnachten legen wir ein Überweisungsformular bei, weil viele das wünschen. Wir drucken nie eine Kontonummer auf unsere Briefe. Wir möchten nicht als Bittsteller auftreten, sondern über unsere Aktivitäten informieren. Wer dann einen Beitrag leisten möchte, ruft an und bittet um die Bankverbindung. So fühlt sich keiner bedrängt.

Im Internet ist von uns ein einziges Konto zu finden, auf den Seiten, die über die ökumenische Kinderstadt HöVi-Land und die ökumenische Familienwerkstatt berichten. Es ist die Kontonummer des evangelischen Verwaltungsamtes. Ein katholisches Konto taucht also nirgends auf. Dies ist ein wichtiges Prinzip bei uns: Wir gehen nie in Konkurrenz, beim Geld schon gar nicht. Wer also im Internet ein Konto zur Unterstützung sucht, landet automatisch bei den evangelischen Geschwistern. Dies geschieht zum Beispiel öfter, wenn Angehörige uns Kondolenzspenden zukommen lassen wollen.

Ökumenisch

Nicht in Konkurrenz zu gehen, gilt auch für die Aktivitäten. Die Lebensmittelausgabe ist unter der katholischen Kirche. Die evangelische Gemeinde bietet das also nicht an. Ebenso ist es mit dem Kleiderladen. Die evangelischen Geschwister haben wiederum „Brot und Butter", ein Frühstücksangebot für Senioren. Sie unterhalten auch eine Offene Jugendarbeit im „Blockhaus", einem einfachen, aber gemütlichen Gebäude aus Holz. Lange Jahre haben sie mit „Herz und Hand" ein ehrenamtliches Angebot von praktischen Hilfen angeboten: Begleitung beim Arztbesuch oder Behördengang für ältere Menschen, Unterstützung junger Familien oder andere kleine Hilfen. Dies haben wir nun gemeinsam in ökumenischer Trägerschaft neu organisiert und uns der Aktion *„Kölsch Hätz"* (Kölner Herz) angeschlossen, die Caritas und Diakonie, also auch ökumenisch, seit vielen Jahren in Köln betreiben. Das steigert die Qualität nachhaltig, weil die Ehrenamtlichen Fortbildung und fachliche Begleitung erfahren. Wir hatten erkannt, dass wir eine solche professionelle Qualitätssicherung nicht in den Gemeinden leisten können.

Es gilt also, dass wir manches gemeinsam ökumenisch organisieren: die Kinderstadt, die Familienwerkstatt, zuletzt *„Kölsch Hätz"*. Auch das Sternsingen geschieht ökumenisch. Alleine wäre es weder katholisch noch evangelisch zu schaffen. Und die Qualität steigt, denn es beginnt mit einem Bibeltag, an dem die Kinder den Hintergrund der Aktion erleben. Auch werden an diesem Tag alle Kinder als Könige eingekleidet. Die meisten Familien bei uns könnten dies nicht selber machen. Erstaunlich ist, dass beim Sternsingen in unserem armen Stadtteil jedes Jahr immerhin mehr als 6.000 Euro gespendet werden. Das Geld behalten wir natürlich nicht, sondern geben es weiter ans Kindermissionswerk für die weltweiten Projekte.

In ökumenischer Verbundenheit haben wir einen Förderverein gegründet mit angeschlossener Stiftung, „Pro HöVi" genannt. Die Stiftung ist keine selbstständige, sondern eine sogenannte „abhängige". Das macht die Gründung einfacher, alles kann in ein paar Wochen über die Bühne gehen. Eine selbstständige Stiftung muss von der Landesregierung genehmigt werden, das kann mehr als ein halbes Jahr dauern. Die Stiftung ist sinnvoll, weil sie alle Erbschaften erhält, die uns angekündigt werden. Die meisten Erblasser leben zum Glück noch, haben uns aber in ihrem Testament bedacht. Ein Konto von „Pro HöVi" ist im Internet nicht zu finden. Zum einen, weil Konkurrenz nicht zielführend ist, zum andern, weil wir Kontakt aufnehmen möchten, bevor uns Menschen etwas spenden oder am Erbe beteiligen. Es ist natürlich ein gutes Gefühl, dass Menschen uns ihren Nachlass zukommen lassen wollen. So haben wir die Hoffnung, auch in Zukunft Aktivitäten wie die Kinderstadt finanzieren zu können. Einmal HöVi-Land in den Sommerferien mit mehr als 600 Kindern und 200 jugendlichen und erwachsenen Mitarbeiter*innen kostet inzwischen etwa 150.000 Euro. Nicht viel pro Nase, aber in der Summe erklecklich. Die Hälfte muss derzeit aus Spenden finanziert werden, dazu kommen öffentliche Zuschüsse und die geringen Beiträge der Familien.

Ich wiederhole, weil ich es gerne sage: „Ökumene ist halb so teuer und doppelt so gut." Das ist zwar keine präzise Aussage, soll aber das Klima skizzieren, in dem wir unterwegs sind. Nur durch die Bündelung der Kräfte ohne jede Konkurrenz können wir in unserem armen Stadtteil wirksam agieren. Die Gehälter der hauptamtlichen Mitarbeiter*innen der katholischen wie evangelischen Gemeinden wie auch die Gebäude werden natürlich aus der Kirchensteuer finanziert. Auch die Substanzerhaltung von Pfarrheim und Kirchen wäre anders nicht möglich, in einer armen Gegend schon gar nicht. Wir sparen auch, wo wir können. So gibt es die ehrenamtlichen *Putzengele,* dreißig Frauen und Männer, die Kirchen, Pfarrsaal und Jugendräume sauber halten. Hierfür Personal anzustellen, ist nicht drin. Wegen der dreißig bleibt aus der Kirchensteuerzuweisung Geld übrig, damit etwa die Messdiener*innen eine Fahrt machen können. Die *Putzengele* sind stolz darauf, dass ihr Engagement dies ermöglicht. Das gleiche gilt auch für die Handwerker in der Gemeindewerkstatt, die vieles flicken, bevor es ganz kaputt ist und hohe Kosten verursacht.

11. Ausstrahlen

Ist es möglich, von einer Pfarrei aus etwas anzustoßen, was darüber hinaus Wirkung entfaltet? Manchmal ja.

Nach der Jahrtausendwende wollte die CDU in Köln die GAG, eine gemeinnützige Wohnungsgesellschaft und zu 96 Prozent im Besitz der Stadt, verkaufen. Rund 50.000 Wohnungen sollten privatisiert werden, nach dem Motto „Verkaufen ist sozial". Es war die Zeit, als die Kommunen auch *„Cross-Border-Leasing"* machten. Um Steuervorteile zu nutzen, verkauften manche Kommunen ihre Kanalisation oder die Straßenbahnwagen in die USA und leasten sie zurück. An den dadurch erreichten Steuervorteilen ließen die neuen Besitzer die Städte profitieren. Heute käme niemand mehr auf eine solche Idee. Spätestens seit der Finanzkrise ist klar: Geld soll nicht Geld produzieren. Manche Kommunen versuchen nun, Wohnungsgesellschaften zurückzukaufen oder neue zu gründen.

In unserem Stadtteil gehörten zwei Drittel der rund 10.000 Wohnungen der GAG. Obwohl ich seit 50 Jahren Mitglied der CDU bin, war für mich klar, dass ich mich gegen den Verkauf engagieren muss. Denn ich hatte erlebt, wie manche privatisierten Wohnungsgesellschaften mit ihren Mietern umgehen. Zum Beispiel versuchte eine Gesellschaft, ältere Menschen aus der Wohnung zu drängen, um sie topsaniert teuer neu zu vermieten. Eine alte Dame hatte drei Wochen lang über Weihnachten kein Wasser, also weder Toilette noch Waschbecken. Sie musste bei den Nachbarn ihre Notdurft verrichten sowie Koch- und Spülwasser holen. Als ich den Mitarbeiter der Firma anrief, weinte der am Telefon. Er könne nicht kündigen, weil er eine Familie zu ernähren habe. Ich habe ihm ein Päckchen mit Nervennahrung geschickt.

Mir wurde damals deutlich, wie eine „Heuschrecke" vorgeht. Um die Mieter raus zu mobben, schickte man ihnen unablässig Besucher in die Wohnung. Oder man machte im Hausflur den Aushang, die Wohnungen würden nach Renovierung als Eigentumswohnungen angeboten. Alte Menschen geraten dann in Panik.

Zusammen mit den Chefs vom Deutschen Gewerkschaftsbund und dem Mieterverein war ich Erstunterzeichner einer Unterschriftenaktion in Köln gegen den Verkauf der GAG. Wir haben 70.000 Unterschriften gesammelt für einen Bürgerentscheid. Damals nützte das nichts, die Rechtslage war noch anders als heute. Dennoch hat es geklappt! Warum?

Bei zwei geheimen Abstimmungen im Rat der Stadt Köln haben beide Male zwei Abgeordnete der CDU gegen den Verkauf gestimmt. Damit war er vom Tisch. Auch wenn wir mit den Unterschriften nicht über den Rechtsweg durch Bürgerentscheid zum Erfolg kamen, hat es sich gelohnt, weil unser Engagement die Problematik eines Verkaufs in die Öffentlichkeit trug. Heute sind wahrscheinlich (fast) alle Parteien froh, dass es die große städtische Wohnungsgesellschaft noch gibt. Sie engagiert sich jetzt stark im geförderten Wohnungsbau und bei der Sanierung von Hochhäusern in Problembezirken.

Ich weiß nicht, wer damals gegen der Verkauf gestimmt hat. Ich habe immer gesagt: Outet Euch nicht! Denn beim Petrus an der Himmelstür hängen schon zwei große Flügelpaare für die beiden bereit an der Garderobe.

Leseclubs

Beim zweiten Beispiel geht es um Bildung. „Fernsehen macht blöd, Lesen macht schlau", diesen Spruch von mir kennen die

Kinder in unserem *Veedel*. Wenn ich den ersten Teil des Satzes sage, antworten sie mit dem zweiten. Natürlich meine ich nicht „Die Sendung mit der Maus". Und der Satz ist auch nur halb richtig, aber das verstehen die Kinder sofort. Es geht natürlich um das rechte Maß. Zuviel Fernsehen ist schlecht, zu wenig Lesen ist noch schlechter.

Ich habe ein Kind erlebt, das die ersten fünf Lebensjahre nur vor dem Fernseher verbracht hat. Immer. Sogleich haben wir einen Platz im Kindergarten eingerichtet, in Absprache mit dem Jugendamt. Das Kind hatte schon Kringel vor den Augen und musste langsam zur Ruhe kommen.

Zum Glück gibt es in Köln und Bonn den Verein *Run&Ride For Reading*, also: Laufen und Radfahren fürs Lesen. Durch diesen Verein konnten schon fast 100 Leseclubs in Schulen im Raum Köln/Bonn eingerichtet werden. Ein Leseclub kostet 9.000 Euro für Mobiliar, Bücher und Medien. Den ersten haben wir bei uns in der Hauptschule in Höhenberg/Vingst eingerichtet. Antreiber des Ganzen ist Oliver Gritz, ein Manager. Er sagt: „Die Fähigkeit, gut lesen zu können, ist der zentrale Schlüssel zur Erlangung von Bildung." An der Seite von Oliver Gritz steht Manfred Brodeßer. Als er als Rektor unserer Grundschule in Pension ging, startete er als pädagogischer Leiter für die Leseclubs, natürlich ehrenamtlich.

In unserer Kirche können alle Kinder jeden Sonntag oder nach den Schulgottesdiensten so viele ausliegende Bücher geschenkt mitnehmen, wie sie wollen. Unsere Pfarrbücherei ist die einzige für das Viertel mit 26.000 Einwohnern. Hier machen die Kinder aus den 19 Kindergärten den „Büchereiführerschein" und essen den „Bücherwurm", einen langen Sandkuchen. An einem Tag im Jahr ist in allen Kindergärten und Schulen ein Vorlesetag.

Kinder lieben Vorlesen. Im Durchschnitt wird einem Kind in Deutschland 1756 Stunden vorgelesen, bevor es in die Schule kommt. Das hört sich nach viel an, aber die Statistiker rechnen zusammen: Vorlesen vor dem Einschlafen (oft die gleiche Geschichte!), im Kindergarten, von Oma und Opa… Manchen Kindern wird zu Hause nie vorgelesen, sie holen den Bildungsvorsprung der anderen kaum ein.

Schlaue Kinder

Was haben ein Fahrrad, ein Dreirädchen, ein Lastwagen und ein Bollerwagen gemeinsam? Diese Frage stellt sich mit Bildern der Objekte auf der ersten Seite des Denk- und Sprachtrainings, das wir seit zehn Jahren bei uns einsetzen. Edeltrud Marx hat es mit dem Doyen der Vorschulforschung, Karl Josef Klauer, entwickelt und bei uns mit gut 300 Kindern getestet. Danach wird es nun an vielen Orten eingesetzt. Leider können in unserem Stadtteil 56 Prozent der Kinder die Frage nach den Rädern der vier Fahrzeuge nicht beantworten, wenn sie in die Schule kommen. Sie sind „6 von 100" schlau. Wenn sie vier Monate lang das Heft von 60 Seiten bearbeitet haben, jede Woche zwei Seiten, sind sie „36 von 100", also sechsmal besser. Jetzt der Skandal: Ihre Intelligenz ist 98 von 100! Es liegt also nicht an den Kindern! Als türkische Mütter von dem Training erfuhren, sagten sie: „Wir wollen unsere Kinder auch schlau machen und bitten um das Heft auf Türkisch." Also haben wir das Heft beim Verlag auf Türkisch drucken lassen; die Übersetzung konnten wir zur Verfügung stellen. Der deutsche Titel lautet: „Keiner ist so schlau wie ich". Das sagte ein Kind, als es im Kindergarten die Denkaufgaben vieler Seiten gelöst hatte. Inzwischen gibt es auch ein

Denktraining für Senioren von den Autoren. Die Hefte sind im Buchhandel erhältlich.

Neben den Leseclubs und den Heften zum Denk- und Sprachtraining, deutsch und türkisch, haben wir die Bewerberbücher erfunden. Es geht darum, die Chancen von Förder- und Hauptschülern zu verbessern, eine Lehrstelle zu finden. Das wird zwar zunehmend einfacher, weil es eine Nachfrage nach Auszubildenden gibt. Vor zehn Jahren war das noch anders. Also haben wir an den Schulen Hefte gemacht, in denen sich die jungen Menschen je auf einer Seite vorstellen. Ein Foto, bisherige Praktika, Sprachkenntnisse, Stärken, EDV-Kenntnisse und Hobbys. Bei den Sprachen kamen schnell drei Sprachen zusammen: zum Beispiel Muttersprache Türkisch, Englisch in der Schule und Deutsch. Die Firmen fanden die Hefte informativ und attraktiv. So gut wie alle bekamen eine Lehrstelle. Die Idee wurde an vielen Orten kopiert und wir bekamen von dort die Hefte zugesandt. Natürlich war die Teilnahme am Heft für die jungen Menschen freiwillig. Der gemeinsame Prozess bei der Herstellung des Bewerberbuches war auch eine gute Vorbereitung auf ein Bewerbungsgespräch.

Seit drei Jahren gibt es keine Bewerberbücher mehr, sondern Filme. Die Auszubildenden des Westdeutschen Rundfunks als Mediengestalter machen kurze Filme mit den Schülerinnen und Schülern. Die kommen auf eine DVD, die an Firmen geschickt oder von den Jugendlichen selbst überreicht werden. Der Effekt ist noch besser. Die Jugendlichen lernen vor der Kamera, sich darzustellen und ihre Stärken dem Arbeitgeber zu präsentieren. Das braucht Mut und schenkt Sicherheit, weil es klappt. An anderen Orten sind es inzwischen Filmunternehmen, die dies für die Schulen nachmachen; der WDR kann es ja nicht überall stemmen.

Einige Jugendliche waren auch schon bereit, sich auf großen Plakatwänden mit ihren Berufswünschen zu zeigen. Da teilte ein Mädchen mit: „Ich habe drei Schlangen und kümmere mich um sie. Ich bin sehr zuverlässig." Ein Junge: „Ich treibe Sport und kann gut anpacken." Die Plakatwände stellt die Werbefirma unentgeltlich zur Verfügung und beklebt sie auf Wunsch auch mit weißem Papier, damit dann die eigene Gestaltung stattfinden kann.

Aber die größte Wirkung über den Stadtteil hinaus hatte wohl der neue Beruf „Fachpraktikerinnen und Fachpraktiker in sozialen Einrichtungen".

Neuer Beruf

Wie viele Analphabeten gibt es in Deutschland? 7,6 Millionen, knapp zehn Prozent. Wie viele Förderschüler schaffen es nach der Schule in eine Lehrstelle? Weniger als 1 Prozent. Wie viele Menschen leben 2035 in Deutschland, die keine Kinder haben? 50 Prozent. Wie dann die Pflege alter Menschen zu schaffen ist, weiß niemand.

Eine Lösung oder wenigstens ein großer Teil davon zeichnet sich ab, wenn man die drei genannten Fakten zusammendenkt. Förderschüler*innen sind gut darin, Altenpfleger*innen bei ihrer schweren Arbeit zu unterstützen. Denn sie wissen vor allem: Wenn mir keiner hilft, komme ich im Leben nicht gut zurecht. Sie haben also eine lebendige Erfahrung, worauf es in Pflege und Betreuung ankommt.

Einige Jahre lang habe ich versucht, Förderschüler*innen in den Beruf „Altenpflegerhelfer" zu begleiten. Das klappte nicht, weil in der Ausbildung auch schriftliche Prüfungen gefordert sind. Die schaffen die jungen Menschen aus den Förderschulen leider nicht. Ich stieß auf den „Fachpraktiker in sozialen Einrichtungen", den es in Baden-Württemberg gab, unterstützt von der Bosch-Stiftung. Die Verantwortlichen der Stiftung kamen sogar nach Köln, um über die Ausbildung zu informieren. Das Modell einfach in Nordrhein-Westfalen zu übernehmen, ging so nicht; die Bildungsverantwortung ist hier anders organisiert. Mit dem super-engagierten Rektor unserer Förderschule nahm ich Kontakt auf zu allen 16 Förderschulen in Köln. Es wurde bald klar, dass ein Beruf zur Unterstützung der Pflegenden in Seniorenhäusern, Demenzstationen und auch in Krankenhäusern für manche Schülerinnen, auch für einige Schüler, eine ideale Perspektive wäre. Allerdings fanden wir vorerst keine Verantwortlichen in Ausbildungsstätten oder auch im Ministerium, die sich zur Zusammenarbeit begeistern ließen.

Dann geschah das Wunder. Angestoßen wurde es von einem traurigen Ereignis, dem Kölner Krankenhausskandal. Zwei Frauen klingelten nachts an den Notaufnahmen von katholischen Krankenhäusern und baten um Hilfe nach Vergewaltigung. Sie wurden nicht unterstützt, sondern weitergeschickt aus Furcht der Ärzte, eventuell eine Abtreibung vornehmen zu sollen. Die Medien berichteten breit, in der öffentlichen Meinung war klar: Katholische Krankenhäuser sind nicht nur überflüssig, sondern sogar schädlich. Wenn sie weiter Sinn machen sollen, müssen sie sich verändern.

Nun kam der Durchbruch. Mein Freund Manfred Lütz sagte: „Jetzt helfe ich mit." Er ist Chefarzt des Alexianer-Krankenhauses in Köln-Porz. Zugleich Bestseller-Autor („Irre. Wir behandeln die Falschen", „Skandal der Skandale") und Dauergast in den Talkshows. Gut vernetzt in der Gesundheitsszene sprach er die Träger von Seniorenhäusern, Krankenhäusern oder Demenz-Wohngemeinschaften an und hatte innerhalb eines

Monats die Trägergesellschaften von Einrichtungen mit über 50.000 Mitarbeiter*innen zusammen. Sie waren bereit, über den Einsatz von jungen Menschen aus Förder- oder Hauptschulen nachzudenken.

Dem folgte die Mühe der Ebene. Gespräche mit Arbeitsamt, Landschaftsverband, Bildungsministerium, Arbeitsministerin, Gesundheitsministerin und am Schluss auch mit der Ministerpräsidentin in NRW, damals Hannelore Kraft. Sie fand die Idee gut. Ergebnis: Das Projekt hatte eine Chance als Helfer-Ausbildung unter Aufsicht der Industrie- und Handelskammer, gut unterstützt von Arbeitsamt und Landschaftsverband, intensiv begleitet von IN VIA, dem Katholischen Verband für Mädchensozialarbeit.

Entscheidend war, dass sich viele Menschen jenseits von Zuständigkeiten engagierten. So der Verantwortliche für Ausbildungen bei der IHK, jetzt Chef in einer anderen großen Stadt. Oder die Dame vom Landschaftsverband, die die Tür zu den notwendigen Förderwegen aufstieß. Der DGB (Deutscher Gewerkschaftsbund) hätte alles stoppen können, wäre er der Bundeslinie gefolgt, die da heißt: möglichst keine Schmalspurausbildungen. Vielleicht war es für das Klima der Gespräche nicht schlecht, dass ich seit mehr als 30 Jahren Gewerkschaftsmitglied bin. Jedenfalls zog auch der Arbeitnehmer-Vertreter des DGB in der Vertreterversammlung der IHK mit. Das Arbeitsamt war natürlich froh über den neuen Beruf.

Wie sieht der aus? Die Jugendlichen machen eine stark praxisbezogene Ausbildung. Vier Wochentage auf der Pflegestation oder im Seniorenheim, ein Tag in der Schule. Wenn sie die praktischen und mündlichen Prüfungen bestehen, bekommen sie im dritten Jahr mit Sicherheit einen Arbeitsvertrag. Das haben sie Dr. Lütz zu verdanken, der meine Idee wie ein Löwe bei den Arbeitgebern durchgesetzt hat. Entscheidend für den Ausbildungserfolg sind drei Gruppen: engagierte Anleiter*innen an den Arbeitsstellen, gute Lehrer*innen und eine exzellente Begleitung durch Sozialarbeiterinnen von IN VIA. Ohne die würde es bestimmt nicht klappen. Müssen die jungen Menschen doch überhaupt erst einmal den Mut fassen, dass es funktionieren könnte. Bei einer jungen Frau, so berichtete sie im Fernsehen, kam der Durchbruch, als sie begriff, dass der Stress von ihr weicht, wenn sie eins nach dem anderen macht. Und vorher eine kleine Liste anfertigt, wie eins nach dem anderen gehört. So einfach und so zielführend. Die Sozialarbeiter*innen stehen für die Arbeitsstellen jederzeit zur Konfliktlösung oder zur Beratung bereit. So können Probleme schon beim Entstehen angegangen werden.

In der ersten Woche kommen die Auszubildenden aus den Bereichen Bonn und Köln zu mir nach St. Theodor in Vingst. Im Herbst 2019 waren es 35 junge Menschen. In der Kirche beginnt unser Kantor mit Musikrätseln auf der Orgel: „Erkennen Sie die Melodie?" Bei der Toccata in D-Moll von Johann Sebastian Bach denken die Jugendlichen an Dracula-Filme. Sofort erkennen sie die Filmmelodien von „Fluch der Karibik", „Star Wars" oder „Forrest Gump". Auch die Melodie des Liedes „Ein Stern, der Deinen Namen trägt" von DJ Ötzi ist fast allen bekannt. Die Botschaft ist: Musik soll zu den Menschen passen, natürlich auch zum Anlass. Also anders bei einer Hochzeit als bei einer Beerdigung. So soll auch ein Beruf passen und den Neigungen und Fähigkeiten des Menschen entsprechen. Nach dem musikalischen Beginn schauen wir in der Kirche kurze Filme an: aus dem Fernsehen über ihren neuen Beruf, auch kurze Videos, wie sich junge Menschen ihres Alters auf eine Lehrstelle bewerben.

Vor einem Rundgang durch die sozialen Räume im Basement der Kirche wird es ernst. Ich kündige an, dass ich sie nun zum ersten von drei Malen anbrüllen werde. Warum? Um ausreichende finanzielle Förderung für die Begleitung der Ausbildung zu erhalten, müssen alle einen Behindertenausweis beantragen. Ein hartes Ei! Mit 16 oder 17 Jahren dies zu akzeptieren, fällt niemandem leicht. So erkläre ich, bevor ich brülle, dass der Ausweis wie ein Sechser im Lotto ist oder wie ein Dauerparkplatz in der Stadtmitte.

Ich vermute allerdings, dass die Logik nicht entscheidend ist, sondern dass die Auszubildenden deutlich spüren: Alle Beteiligten meinen es gut mit ihnen. Als mir ein Mädchen bei der Schlussreflektion sagt: „Du bist ein cooler Mann", weiß ich, dass es mit den Ausweisen klappen wird. Alle Jugendlichen, die eins wollen, bekommen ein Fahrrad geschenkt, um in der nächsten Woche zur Arbeitsstelle radeln zu können. Zum Glück erhält unsere Fahrradwerkstatt ja genügend Räder zum Generalüberholen und Weitergeben. Nach dem Mittagessen im Kirchencafé stehen noch praktische Fragen mit den Ausbildungsbegleiterinnen von IN VIA an.

Inzwischen interessiert sich NRW-Arbeitsminister Karl-Josef Laumann für den neuen Beruf. Er lässt überprüfen, wie eine Ausdehnung auf die ganze Republik möglich ist. Auch Ministerpräsident Armin Laschet haben wir das Projekt vorgestellt.

Was ist die Moral von der Geschicht? Veränderungen brauchen viererlei. Anstöße kommen von unten, *bottom-up.* Hier wächst der Leidensdruck, also in diesem Fall fehlende Lehrstellen für Förderschüler*innen. Doch nur von unten klappt es nicht. *Top-down* muss sich dazu einstellen. In unserem Fall die Einsicht der Einrichtungsträger, dass es Not tut, sich neu aufzustellen. Neuerdings geht der Blick sogar noch weiter als zur

Zeit der Einführung der Fachpraktiker*innen vor fünf Jahren: „*spiritual care*" soll auch die Sinnfragen der Kranken und Alten in den Blick nehmen. Drittens braucht es Menschen, die wirklich etwas bewegen wollen. Die also sagen, wie es gehen könnte, und nicht dauernd kundtun, warum es nicht funktionieren kann. Der Verweis auf leider fehlende Zuständigkeiten ist dann das beliebteste Ausweichmanöver.

Schließlich kommt es, viertens, auf das Zeitfenster an. In dieser Geschichte war klar, dass die Katholischen Einrichtungsträger nach dem Kölner Krankenhausskandal motiviert waren, etwas zu unterstützen, was die moderne Qualität der Häuser zeigt. Und zugleich den Markenkern berührt, nämlich Engagement für die an den Rändern, wie es Papst Franziskus ausdrückt. Die Qualität der Pflege wächst, wenn die Fachpraktiker*innen das machen, was Krankenschwestern und Pfleger auch gerne selber tun würden, aber aus Zeitnot nicht können: zuhören, Füße baden, mit dem alten oder dementen Menschen im Rollstuhl spazieren fahren, mit Muße beim Essen helfen, dableiben und nicht ständig auf dem Sprung sein. Irgendwie tun die Fachpraktiker*innen das, was früher Ordensschwestern und -brüder getan haben.

Was noch?

Sicherlich wirkt auch unsere Kinderstadt in den Sommerferien über den *Veedel*-Rand hinaus. An einigen Orten wird sie kopiert. Jedes Jahr kommen Gruppen auch aus weiter Entfernung, um sich das Konzept anzuschauen. Am meisten interessiert es die Besucher, wie die Zusammenarbeit zwischen vielen Ehrenamtlichen und wenigen Hauptamtlichen gut funktioniert. Dabei stellen wir drei Aspekte in den Vordergrund.

1. Die Hauptamtlichen sind nicht die Bestimmer. Jede Gruppe hat ihr eigenes Konzept und bestimmt, was passiert. Also Café, Küche, Ausflugsorganisatoren, Workshops…

2. Die Hauptamtlichen haben die Ausfallbürgschaft. Wird jemand krank oder muss sein krankes Kind betreuen, kümmern sich die bezahlten Hoffnungsträger.

3. Die Hauptamtlichen sind die ersten, die sich bücken. Die Drecksarbeit machen nicht die andern. So hat unser evangelischer Pfarrer viele Jahre lang die Toiletten in der Kinderstadt für 800 Nutzer geputzt, bis das Wunder geschah: Der Inhaber einer Reinigungsfirma, dessen Kinder in der Kinderstadt waren, bekam den Dienst des Pastors mit. Er übernahm unentgeltlich den Job als Dankeszeichen und seinen Beitrag zum Projekt.

Wirkung nach außen haben natürlich auch die Demonstrationen, die wir veranstalten oder an denen wir teilnehmen. Hierzu eine Geschichte aus meiner Frühzeit als Kaplan: Am 20. März 1980 wurde der Bischof Oscar Romero während der Heiligen Messe in El Salvador in Mittelamerika am Altar erschossen. Als Bischof hatte er sich sehr für die Armen eingesetzt. Das war nicht immer so. Er kam aus einer wohlhabenden Familie und galt als durchaus konservativ. So waren die Etablierten im Land froh, als er Bischof wurde: einer von uns, der mit der Befreiungstheologie nichts zu tun hat. Doch als er als Bischof immer wieder die Not der armen Bevölkerung sah, wandelte er sich. Ihm war nicht mehr nur die Heilige Wandlung im Gottesdienst wichtig, sondern auch der Wandel der Gesellschaft hin zu den Armen. Besonders setzte er auf die Jugend und ihr Engagement für Veränderung, wie heute auch Papst Franziskus, der bei der Jugendsynode in Rom den Jugendlichen zurief: „Eine bessere Welt wird auch dank euch, dank eures Willens zur Veränderung und dank eurer Großzügigkeit aufgebaut… Auch die

Kirche möchte auf eure Stimme hören, auf eure Sensibilität, auf euren Glauben, ja auch auf eure Zweifel und eure Kritik."

Vor 39 Jahren, als Oscar Romero starb, war ich Kaplan in St. Agnes in Köln und habe auf die Jugendlichen gehört. Die wollten nach der Nachricht vom Tod Romeros den Kölner Dom besetzen, um ein Zeichen der Solidarität zu zeigen. Gesagt, getan. Flugblätter kopiert, Transparent bemalt und ab in den Dom. Die Domschweizer riefen natürlich die Polizei. Festnahme, rein in den Gefangenentransporter. „Mich dürft ihr nicht festhalten", sagte ich den Polizisten, „ich habe gleich die Abendmesse." Da es gute Polizisten waren, durfte ich abhauen, auch die anderen kamen bald frei, es war ja niemandem ein Schaden entstanden. Alle waren nur mächtig stolz, dass die Aktion geklappt hatte.

12. Grund-Sätze

Die Christliche Soziallehre geht von vier Grundbegriffen aus: Personalität, Gemeinwohl, Solidarität und Subsidiarität. Heute kommt ein fünfter Bereich dazu: Umgang mit der Schöpfung, also Ökologie und Nachhaltigkeit. Spätestens seit der Enzyklika *Laudato si'* (2015) von Papst Franziskus ist klar, dass wir nicht einfach so weitermachen können mit unserer Erde.

Als Kardinal Joseph Höffner, der Kölner Erzbischof, sein Standardwerk „Christliche Gesellschaftslehre" (1962, bis 1983 acht Auflagen mit Erweiterungen, 1997 Neuauflage mit Erweiterungen) verfasste, war die Ökologie noch nicht im Blick. Sehr wohl die Problematik der Atomenergie. Höffner schreibt: „Geradezu katastrophal wird sich eine hemmungslose Entwicklung im Bereich der Kernenergie auswirken, wobei nicht nur an einen Atomkrieg, sondern auch an die Gefahren zu denken ist, die mit der Errichtung von Kernkraftwerken zur Energieversorgung verbunden sind." Dies ist die Position von 1983! Der Kardinal dachte seiner Zeit voraus.

Personalität

Was Personalität bedeutet, kann man nicht besser beschreiben, als es Joseph Höffner vor gut 40 Jahren getan hat. In zehn Punkten umschreibt er die Eigenart der menschlichen Personaliät.

Als Geschöpf Gottes nimmt die Person teil am Licht des göttlichen Geistes.

Jeder Mensch ist einmalig. Höffner schreibt: „Er wird als Original geboren, wenn er auch oft als Kopie endet." Ein feiner Humor!

Wir haben nicht Leib und Seele, wir sind es.

Die Person ist Träger ihres Denkens, Handelns und Unterlassens.

Personalität bedeutet Freiheit. Der Mensch ist Herr seiner selbst.

Personalität heißt verantwortlich sein.

Die Person hat ein Gewissen.

Personalität bedeutet Einsamkeit. Dies meint nicht Vereinsamung. Freiheit, Verantwortung und Gewissen lassen die Person bei sich allein.

Die Person verdankt ihr Dasein dem Geschenk des liebenden Gottes.

Der Mensch ist berufen zur Gemeinschaft mit Gott. Geschaffen nach Gottes Ebenbild ist er der göttlichen Natur teilhaftig.

Gerade für jüngere Menschen drückt dieser „Dekalog" den Respekt vor der Würde jedes einzelnen aus. Die Entfaltung der eigenen Persönlichkeit, die Gewissensfreiheit und die Verantwortung für die anderen sind Voraussetzung für die weiteren Grundbegriffe der Christlichen Soziallehre: Solidarität, Gemeinwohl, Subsidiarität, Schöpfungsverantwortung.

Gemeinwohl

Mit Gemeinwohl ist nicht die Summe der Einzelinteressen der Personen gemeint. Es meint das, was alle angeht. Also nicht ein Leben nach dem Prinzip: „Wenn jeder an sich denkt, ist an alle gedacht", oder sogar „Der Starke ist am mächtigsten allein." Beim Gemeinwohl geht es um das Zusammenwirken aller zum Wohl der Gesellschaft. Also muss es Steuern geben, eine Schulpflicht, auch einen Solidaritätszuschlag nach der Wiedervereinigung Deutschlands.

Gemeinwohl hat den Geschmack von Einigkeit, nicht von Gleichheit. Als die Kathedrale Notre Dame in Paris brannte, war etwas von dieser Einigkeit zu spüren. Diese Kirche gehört eben allen gemeinsam.

Der Anfang der Pastoralkonstitution des Zweiten Vatikanischen Konzils, *„Gaudium et spes"*, richtet den Blick auf das Wohl aller Menschen: „Freude und Hoffnung, Trauer und Angst der Menschen von heute, besonders der Armen und Bedrängten aller Art, sind auch Freude und Hoffnung, Trauer und Angst der Jünger Christi. Und es gibt nichts wahrhaft Menschliches, das nicht in ihren Herzen seinen Widerhall fände. Ist doch ihre eigene Gemeinschaft aus Menschen gebildet, die in Christus geeint, vom Heiligen Geist auf ihrer Pilgerschaft zum Reich des Vaters geleitet werden und eine Heilsbotschaft empfangen haben, die allen auszurichten ist. Darum erfährt diese Gemeinschaft sich mit der Menschheit und ihrer Geschichte wirklich engstens verbunden."

Solidarität, Subsidiarität und Schöpfungsverantwortung entfalten in der Praxis diese grundsätzliche Verantwortung der Christen für alle Menschen und das Ganze. Praktisch wird es auch noch bei den Fragen, wie mit Macht in der Kirche umzugehen ist und wie demokratisch es zugehen soll. Noch praktisch-konkreter wird es dann beim Blick auf die Willkommenskultur, die den „Widerhall in den Herzen" im Alltag der Gemeinden verwirklicht. Darauf kommt es auf jeden Fall an im christlichen Leben.

Worauf noch? Das Verhältnis von Glaube und Naturwissenschaft gilt es zu betrachten. Es sind zwei Zugänge zur Wahrheit, die sich ergänzen. Schließlich die Schönheit. Es ist schön, an Gott zu glauben. Wie das alles geht, möchte ich beschreiben.

Solidarität

Kinder sind schon im Alter von zwei Jahren solidarisch. Sie teilen gern, sind altruistisch, kommunikativ und berichtigen in den Tests der Verhaltensforschung die Fehler der Erwachsenen. Dies nicht, wie man früher dachte, um den Eltern zu gefallen, sondern weil es sich in uns Menschen über Jahrzehntausende genetisch entwickelt hat. Kinder sind *eusozial* (in dem Wort kommt „gut" und „kameradschaftlich" und weiteres aus diesem Begriffsbereich zusammen), wie es der Biologe Osborn Edward Wilson in seinem epochalen Lebenswerk „Die Biologie des Menschen" bezeichnet. Kinder können sich in andere hineinversetzen, aus ihrer Perspektive schauen! Das ist der Ursprung der Solidarität. Im Alter von drei Jahren entwickelt sich die Solidarität hin zur Zugehörigkeit zur Familie oder der Kita-Gruppe, das beschreibt Heinz Bude in seinem Buch „Solidarität".

Wenn Jesus sagt: „Wenn ihr nicht werdet wie die Kinder, kommt ihr nicht in das Reich Gottes", meint er wohl die grundsätzliche solidarische Zuwendung, die Kinder auszeichnet. Also: Miteinander statt gegeneinander. Füreinander statt ohneeinander. Beieinander statt nebeneinander.

Solidarität ist nicht Barmherzigkeit. Letzteres ist die Macht des einzelnen, die Kraft des Individuums. Solidarität ist nicht Empathie. Auch der Folterer hat Empathie und kann sich in den hineinversetzen, den er quält. Solidarität meint auch nicht Caritas, also Hilfe für Menschen in Not. Solidarität ist nicht zuerst moralisch, sondern nimmt zur Kenntnis, dass wir Menschen ganz einfach aufeinander angewiesen sind. Das Wir toppt das Ich. Ohne die andere oder den anderen werden wir nicht zu sozialen Wesen; also ist Solidarität eine existentielle Erfahrung. Schon die Sprache lernen wir von anderen.

Die Bundesregierung hat 32 Millionen Euro für ein Institut zur Verfügung gestellt, das untersuchen soll, wie der Zusammenhalt in der Gesellschaft funktioniert. Ist es die Nachbarschaft, die Nation, die Kirchengemeinde oder der Verein, der Solidarität besonders fördert? Mal sehen, was die Wissenschaftler rausbekommen. Bis dahin gilt, was der letzte Satz im Buch „Solidarität" von Heinz Bude ausdrückt: „Man weiß den Gewinn der Solidarität nur zu ermessen, wenn man die Einsamkeit kennt."

Subsidiarität

Subsidiarität ist ein Prinzip der Christlichen Soziallehre. Ich will es mit einem schönen Beispiel erklären:

Justus ist 15 Jahre alt und wohnt im Bergischen Land. Unsere Pfarrsekretärin in Köln ruft ihn an. Hallo Justus, wir haben ein Problem. Wir haben nicht genug Sternsinger. Du warst ja früher auch einer. Würdest Du uns nochmal helfen? „Ja", sagt Justus, „wenn mein Freund und ich es mit unseren Mofas machen können." Sie machen es auf ihren Mofas und sammeln 3.000 Euro ein. Die Heiligen Drei Könige hatten wohl Pferde oder Kamele. Welcher König geht denn zu Fuß? Justus und sein Freund stellten ihre Bedingung. *We do it our way.* Die Freiheit, die ihnen die Mofas im Alltag bieten, wollten sie als Könige nicht missen. Sie bestimmen, wie sie Sternsinger sind und wie sie es machen.

Das ist Subsidiarität von unten. Was die kleine Einheit vor Ort gut beurteilen und machen kann, ist und bleibt ihr Ding.

Manches kann nur die große Einheit. Zum Beispiel die Schmetterlinge retten. Die Abteilung Familie im Generalvikariat des Erzbistums Köln hat Blumensamen gekauft und verpacken lassen, je passend zur Artenvielfalt der Regionen im Erzbistum. Eine Pflanzanleitung steht auf der Tüte. So entstehen „Picknickplätze für Schmetterlinge". Die Kinder in den Grundschulen und Kindergärten sind begeistert. Eine solche Aktion kann keine Pfarrei leisten. Das muss im Großen bestellt und bezahlt werden. Die Verteilung vor Ort geschieht natürlich in den Schulgottesdiensten oder im Religionsunterricht. Ein gutes Beispiel für Subsidiarität von oben.

Subsidiarität hat mit Freiheit und mit Vielfalt zu tun.

Sie zeigt auch die demokratische Grundstruktur der Kirche: ein Leib und viele Glieder. Das geringste Glied ist nach Paulus gar das wichtigste, weil es für Eintracht sorgt und vor Hoffart und Eitelkeit bewahrt (im Ersten Korintherbrief, Kapitel 24). Die Kirchen tun gut daran, das Subsidiaritätsprinzip auch im eigenen Betrieb zu beachten. Sie fordern es ja vom Staat ein! Zuerst sollen etwa die Freien Träger soziale Aufgaben übernehmen, bevor es Staat oder Kommunen tun sollen, wenn die Herausforderungen es notwendig machen. Also Subsidiarität von unten. Subsidiarität von oben wäre zum Beispiel ein gebührenfreies Kindergartenjahr. Dies kann nur der Gesetzgeber schaffen, nicht der einzelne Kindergarten.

Im Kern ist es wie bei Kindern: Was die schon selbst können, sollen nicht die Eltern machen. Solange sie die Schnürsenkel nicht binden können, machen es die Eltern, aber dann machen es die Kinder nur noch selbst.

Schöpfungsverantwortung

Ein Schmetterling in China bewegt seine Flügel und es folgt daraus ein Hurrikan in Amerika. So lautet ein bekanntes Beispiel der Chaostheorie. Kleine Ursache, große Wirkung. Daran muss ich jeden Freitag denken, wenn weltweit der Schulstreik für das Klima läuft. Ein Mädchen von 15 Jahren hat sich 2018 am ersten Schultag nach ihren Sommerferien vor den Reichstag in Stockholm gestellt, in der Hand ein Schild mit der Aufschrift: Schulstreik für das Klima. Die junge Schwedin Greta Thunberg bewegt mit ihrem anfangs stillen Protest die ganze Welt. Inzwischen folgen ihr eine halbe Million Menschen auf Facebook. Sie hat vor der Klimakonferenz der Vereinten Nationen gesprochen und beim Weltwirtschaftsforum in Davos.

Kindermund tut Wahrheit kund, dieses alte Sprichwort kommt mir dabei in den Sinn. Und auch das kluge Wort Jesu: Wenn ihr nicht werdet wie die Kinder! Das Weltklima ist in der Insolvenz! So kann es nicht weitergehen.

Das wissen wir alle, finden aber den Ausweg nicht. Insolvenzverschleppung! Barack Obama hat es so formuliert: „Wir sind die erste Generation, die die Folgen des Klimawandels spürt, und wir sind die letzte, die etwas dagegen tun kann." Greta Thunberg zieht die Konsequenz, wenn sie beim Europäischen Wirtschafts- und Sozialausschuss in Brüssel sagt: „Wenn Lösungen innerhalb dieses Systems so unmöglich sind, dann sollten wir vielleicht das System selbst verändern." Einfach, nicht kompliziert. Zugleich schwer, nicht leicht.

Greta Thunberg lässt mich immer auch an Papst Franziskus denken. Beide liegen auf einer Linie. Pfingsten 2015 hat der Papst sein Lehrschreiben *Laudato si'* veröffentlicht, benannt nach dem wunderbaren Sonnengesang des Heiligen Franziskus über die Schönheit der Schöpfung und die Verbundenheit aller Geschöpfe: Mensch und Tier, Pflanzen und Gestirne. Der Papst tickt wie Greta, wenn er schreibt: „Es ist die Weise, wie der Mensch sich die Dinge zurechtlegt ...: Er versucht, sie nicht zu sehen, kämpft, um sie nicht anzuerkennen, schiebt die wichtigen Entscheidungen auf und handelt, als ob nichts passieren werde" (Nr. 59). Wie die drei Affen: Nichts sehen, nichts hören, nichts sagen. Oder wie der Vogel Strauß: Kopf in den Sand. Dieses Gefühl habe ich jedes Mal, wenn ich meinen Plastikmüll zur Tonne bringe. Was ich als Einzelperson an Plastikmüll produziere, ist unglaublich! Ich will es nicht, mache es aber. Wenn ich dann lese, was ein junger Wal vor seinem Tod an Plastik geschluckt hat, wird mir schlecht.

Greta Thunberg hat Recht: Wir haben kein Erkenntnisproblem mehr, wir sind zu feige oder zu dumm, um zu handeln.

Was tun? Wir sollten an unsere Kinder und Enkel denken. Also an die Zukunft!

Der Papst schreibt: „Jedes Jahr verschwinden Tausende Pflanzen- und Tierarten, die wir nicht mehr kennen können, die unsere Kinder nicht mehr sehen können, verloren für immer. Die weitaus größte Mehrheit stirbt aus Gründen aus, die mit irgendeinem menschlichen Tun zusammenhängen" (Nr. 33).

Wir sollten unsere Haltung ändern. Dabei können uns die vier Grundsätze der Ökologie helfen:

1. Jedes Ding und jedes Lebewesen stehen mit jedem in Beziehung.

2. Alles muss irgendwo bleiben. Nichts geht verloren. Auch Abfall nicht.

3. Die Natur weiß es besser. Aus ihrer Erfahrung der Jahrtausende.

4. Es gibt kein Freibier. Alles hat seinen Preis.

Wir sollten unseren Lebensstil ändern. Papst Franziskus fordert dazu in seinem Schreiben *Laudato si'* 55 Mal auf. Fünf mal 11, das kann sich der Rheinländer gut merken. Was Greta Thunberg weltweit anstößt, haben die Rheinländer mit dem Hambacher Forst erlebt: Das Umdenken beginnt.

Als Pastor kommt mir ein wunderbarer Text aus dem Ersten Testament in den Sinn, im Buch Hiob 12,7-11 steht:

Doch frage nur das Vieh, es wird dich lehren;
des Himmels Vögel werden es dir künden.
Das Wild wird dich belehren,
erzählen werden's dir des Meeres Fische.
Wer kann aus alledem es nicht erkennen,
dass Gottes Hand all dies geschaffen hat?
In seiner Hand ruht aller Lebensatem
und eines jeden Menschenleibes Geist.

13. Willkommenskultur

„Willkommenskultur", das Wort hört man seit einiger Zeit landauf, landab. Wie kann sie funktionieren? Für gläubige Menschen, egal ob Muslim, Jude oder Christ, gilt: Gott liebt uns vor jeder Leistung, trotz aller Schuld. Seine Haltung heißt auf Französisch *gratuité*; schwer zu übersetzen, weil es mehr bedeutet als unentgeltlich und geschenkt. Am besten geht es *op* Kölsch: ömesöns.

Es geht um ein Willkommen ohne Bedingung. Also um Zugehörigkeit ohne Gegenleistung. Willkommenskultur beinhaltet Gastfreundschaft, ist aber noch mehr. Es ist aufsuchende Gastfreundschaft. Als die Drogenprobleme größer wurden, hat unsere Gemeinde zwei Spritzenautomaten aufgestellt mit der Botschaft: Auch als Drogenkonsumenten seid ihr willkommen, aber bitte entsorgt die Spritzen nicht auf dem Spielplatz, sondern hier in der Box, und neue Spritzen könnt ihr hier für 50 Cent ziehen. Kondome auch. Diese aufsuchende Gastfreundschaft lebt Jesus, als er zu Zachäus sagt: „Heute will ich bei dir Gast sein" (Lukasevangelium 19,5). Jesus hat erkannt, wie einsam Zachäus ist.

Wie funktioniert Willkommenskultur praktisch, einfach und wirkungsvoll im Alltag einer Gemeinde? In unserer Kirche gibt es „*Greater*", also Begrüßer. Jeweils zwei geben den Besuchern, wenn sie in die Kirche hereinkommen, das Gebetbuch in die Hand und heißen sie freundlich willkommen. Auch übergeben sie aktuelle Flyer mit Informationen. Sehr wichtig ist, dass es in oder direkt bei der Kirche Toiletten gibt, unbedingt auch eine behindertengerechte. Bei uns gibt es darin auch einen Wickeltisch für Babies, ausklappbar und mit Pflegemitteln bestückt. Vor der Kirchentür stehen Standaschenbecher. Nach dem Gottesdienst ist sonntags immer Bewirtung. Liebe Frauen backen freitags Blechkuchen, manchmal gibt es auch frische Waffeln oder Fritten. Natürlich auch Kaffee und andere Getränke. Für die jüngeren Menschen gibt es Stehtische, die älteren möchten sich lieber setzen.

Beim Pfarrfest sollte es für die Gäste ohne Geld und Bezahlung funktionieren. Warum? Wenn man bezahlen muss, sind die Lieblinge Jesu ausgeschlossen, die Armen.

Ich kenne einen Diakon, der vier Kinder hat. Wie soll er am Pfarrfest teilnehmen, wenn er für sechs Personen bezahlen muss? Das Minimum muss sein, dass für die Kinder alles unentgeltlich ist. Wenn dann am Bierstand ein Sparschwein steht, ist das akzeptabel. Woher kommt das Geld für Essen und Getränke? Von Spendern, denen es gut geht und die Geld oder Kuchen spendieren. Einfach für Gotteslohn!

14. Wissend glauben

Für Kinder ist klar: Geschichten sind wahr, natürlich auch Märchen. Wer stirbt, kommt in den Himmel, wohin auch sonst. Später ändert sich das. Die Naturwissenschaften erklären die Welt, nicht mehr die Geschichten der Bibel. Oder doch beide?

Wir bemühen uns, den Kindern die Welt zu erklären auf beiderlei Weise. Zum Beispiel: In der Lesung im Gottesdienst heißt es: Die Sterne fallen vom Himmel beim Untergang der Welt. Wie ist das gemeint? Eine einfache runde Küchenplatte hilft bei der Erklärung. Darauf stehen Playmobilfiguren und ein Holzhäuschen. So stellten sich die Menschen damals die Welt vor: eine Platte, von Wasser umgeben. Darüber der durchsichtige Deckel, darauf sind Sterne aus Goldpapier geklebt. Die fallen logischerweise runter auf die Erde, wenn es rappelt, also am Ende der Welt. So, Kinder, sah das alte Weltbild zur Zeit Jesu und auch noch lange danach aus. Für die Erwachsenen ist interessant: Mit dem Untergang der Welt ist die Zerstörung der Stadt Jerusalem und des Tempels im Jahr 70 nach Christus gemeint. Und heute, wie sehen wir die Welt?

Auf dem Altar steht ein großes gemaltes Bild: die Sonne. Der Pastor hält einen riesigen Ball in den Händen, die Erde, ein aufblasbarer Globus. Er läuft mit dem Erdball einmal um die Sonne, also um den Altar: ein Jahr. Er dreht sich einmal um sich selbst: ein Tag. Nun kommt noch einer dazu: der Mond. Er braucht 27 Tage, um die Erde zu umrunden. Die Kinder, auch die Erwachsenen, haben natürlich Spaß daran, was sich da um den Altar bewegt und dreht. Doch nun wird es ernst: Woher kommen die Jahreszeiten? Der Pastor erklärt die Neigung der Erdachse zur Sonne hin. Doch er merkt: Viele, vielleicht die meisten, verstehen es kaum – auch die Erwachsenen haben Schwierigkeiten.

Im Gottesdienst am nächsten Sonntag erklärt es Alexander Gerst, der gerade in der Raumkapsel die Erde umrundet. Er zeigt es in der „Sendung mit der Maus", sie ist per Beamer auf der Kirchenwand zu sehen. Auch Gerst läuft mit der Erde, die sich auf einem Wagen dreht, um die Sonne. Vor allem aber kann er die Jahreszeiten mit einer Lampe, der Sonne, die auf einen Kollektor trifft, erklären. Je nach Einfallswinkel dreht sich der Propeller, angetrieben von dem Sonnenkollektor, schneller, langsamer oder gar nicht. Bei uns auf der Erde sind das die Jahreszeiten und die Sonnenstunden pro Tag. Unsere Kinder lernen also in unserer Kirche beides kennen: die Naturwissenschaft und den Glauben. Ihnen ist klar: Der Glaube ist vernünftig. Ob sie ihn auf Dauer annehmen, ist dann eine Frage der Freiheit, nicht der Vernunft.

15. Lebensschönheit

Remo L. Largo ist ein Pädiater, also ein Psychologe und Kinderarzt aus der Schweiz. Er hat mit den Büchern „Babyjahre" und „Kinderjahre" Weltbestseller geschrieben. Nun hat er ein neues Buch veröffentlicht: „Das passende Leben", sozusagen die Zusammenfassung seines Lebenswerkes. In dem Buch geht es ihm um Fitness. Aber nicht um körperliche Ertüchtigung in einem Body-Building-Studio. Sondern um das, was fit macht, was passt. *What fits?* Was ist geeignet, was macht das Leben sinnvoll und schön, was ist gut für ein Kind und was für uns Menschen überhaupt? Ist ein Mensch nur wertvoll, wenn er Abitur hat? Ist es wichtig, möglichst viel Geld zu verdienen?

Im Kern geht es darum, was glücklich macht, was das Leben schön macht, was eben zum einzelnen passt.

Der Katechismus der Katholischen Kirche sagt zu Beginn: „Gott will, dass wir an seiner Glückseligkeit teilhaben." Wie soll das gehen? In der Philosophie und Theologie des Mittelalters gibt es dazu einen Grundsatz, eine Aussage über Gott: *Ens et verum et bonum et pulchrum convertuntur.* Das Seiende, das Wahre, das Gute und das Schöne kommen überein, eins ist wie das andere. Über das Seiende, also sozusagen das Nachdenken über das, was die Welt im Innersten zusammenhält, kommen wohl nur wenige Menschen zum Sinn des Lebens und zu Gott, vielleicht zwei Promille. Über die Wahrheitsfrage der Philosophie vielleicht drei Prozent. Die Frage nach Gut und Böse ist für mehr Menschen wichtig. Die Kirchen haben das lange Zeit ausgenutzt und den Menschen strenge Regeln auferlegt.

Heute ist es die Schönheit, die viele Menschen suchen. Was ist schön für mich, was passt zu mir, was macht mein Leben wertvoll?

Ich finde das gut. Dieser Blick auf das, was zum einzelnen Menschen passt, was ihn fit macht, sein Leben schön, ist selbst schon schön. Dann kann man ja versuchen, den Menschen zu helfen, das zu überwinden, was ihr Leben hässlich macht, was Schönheit verhindert.

Jesus hat das ein Leben lang gemacht, wenn er fragte: „Was willst du, das ich dir tun soll?" Dann hat er Blinden das Augenlicht geöffnet, Lahmen zur Bewegung verholfen, Stummen die Stimme zurückgeschenkt. Das können wir alle, wenn wir fragen: Was macht dein Leben schön?!

Entscheidend ist zu fragen. Wer ohne diesen Dialog zu wissen meint, was für die oder den andern gut ist, übt Macht über ihn aus.

Lange hat die Kirche so – ohne Dialog – gehandelt. Sie war die Heilsanstalt, die Agentur, die den Zugang zum Himmel öffnet oder verschließt. Ich denke an die Beichtpraxis zu meiner Kinderzeit, die Unterscheidung von „lässlichen", schweren oder gar Todsünden. Einmal im Monat in den Beichtstuhl, ohne eigentlich zu wissen, was ich sagen soll; vielleicht, dass ich genascht habe?

Als Diakon vor der Priesterweihe habe ich in einem Kinderheim mitgeholfen, fast ein Jahr lang. Die Kinder und Jugendlichen, die dort zur Beichte gingen, bekamen jeweils fünf Mark vom Priester, vielleicht eine Art Schmerzensgeld? Im Heim war auch eine Abteilung für „Schwererziehbare". Heute bezeichnet man solche Jungen und Mädchen als Systemsprenger. Untergebracht waren sie damals hinter Panzerglas, damit sie nicht abhauen. Ein Dreizehnjähriger hatte mehr als 100 Einbrüche hinter sich, eine beeindruckende Leistung. Für diese Gruppe habe ich die Firmvorbereitung übernommen. Wir haben auch Ausflüge in die Umgebung gemacht. Keiner ist abgehauen. Offensichtlich haben sie mein kirchliches Engagement als Ort der Freiheit empfunden und somit ihr Versprechen eingehalten: Ich hau nicht ab.

Mir kommt der wunderbare Satz von Johann Baptist Metz in den Sinn: „Kürzeste Definition von Religion: Unterbrechung." Wahrscheinlich war für die Jugendlichen dies die zentrale Erfahrung des „Firmunterrichtes", wie die Vorbereitung damals hieß: einmal wieder in Freiheit sein. Wenn ich heute als Priester so Beichte hören sollte wie zu meinen Kinderzeiten, würde ich es nicht tun. Einige wenige Menschen kommen bei uns vor den Hochfesten in den Beichtstuhl. Das Jahr über kommen Menschen nach Terminabsprache zu Beichtgesprächen. Die dauern dann mehr als eine Stunde und sind zugleich eine Form der Lebensbegleitung.

An Silvester 2018 las ich in unserer Kölner Tageszeitung einen Beitrag von Bischof Peter Kohlgraf, dem Nachfolger von Kardinal Karl Lehmann auf dem Bischofsstuhl in Mainz. Er bringt genau auf den Punkt, wie Gewissen und Macht zusammenspielen: „Macht stellt eine erhebliche Versuchung dar. Bei einigen diskutierten Themen stehen sich Parteien in der Kirche manchmal unversöhnlich gegenüber. Im Kern geht es auch um die Frage, ob wir eigenständige Gewissensentscheidungen von Menschen unterstützen und damit den Menschen zugestehen, mit Hilfe des Wortes Gottes und auch mit Hilfe seelsorglicher Begleitung zu eigenen Entscheidungen zu kommen – oder ob wir im letzten die Deutungshoheit beanspruchen, der sich die anderen Menschen dann einfügen."

Wer entscheidet, die Kirche oder die oder der einzelne?

Ich glaube, dass Gott eine Person ist, die sich mir und allen Menschen zuwendet. Im Leben Jesu erkenne ich, wie er das macht. In der Kirche erlebe ich, wie wir das umsetzen können, wenn wir uns von Gottes Geist bewegen lassen. Wir sind sehr verschiedene Menschen, unser Gewissen ist unterschiedlich geprägt und entwickelt. Wie können wir die Einheit der Kirche leben?

Papst Benedikt XVI. wurde von einem Kind gefragt: „Wie viele Wege zu Gott gibt es?" Seine Antwort: „So viele, wie es Menschen gibt." Das ist die entscheidende erste Aussage: Jede und jeder geht seinen ganz eigenen Weg des Glaubens. Papst Benedikt betont auch einen Dreischritt hin zum Glauben: Zuerst kommt die Freiheit, dann die Vernunft, dann hoffentlich der Glaube als Geschenk.

Es macht die Schönheit des Glaubens aus, dass man ihn nicht kaufen oder herstellen kann. Auf ein Geschenk hat man kein Anrecht. *Gratuite* wird eine Eigenschaft Gottes im Französischen genannt. Unentgeltlichkeit? Ich ziehe, wie gesagt, das *kölsche* Wort ömesöns vor. Also ohne Gegenleistung, einfach so, rein aus Freude. Welches Glück!

Für die Seelsorgerinnen und Seelsorger in der Kirche stellt sich die Frage: Fördern wir die persönliche Beziehung zu Gott und zu Christus oder behindern wir sie eher? Wes Geistes Kind sind wir?

Förderlich

Förderlich ist durchaus eine gute Art von Autorität. Das Wort kommt vom Lateinischen *augere,* das heißt wachsen machen, befruchten, erweitern, fördern, bereichern... Also genau das, was Jesus dauernd macht. Zuerst fragt er allerdings, ob die oder der andere auch gefördert werden will: „Was willst du, dass ich dir tun soll?" Gute Autorität zeigt sich im Dialog. Gute Autorität bietet keine fertigen Lösungen an, sondern sucht gemeinsam nach dem passenden Weg. *What fits?*

Ein junges Ehepaar kommt zum Gespräch mit dem Sohn von anderthalb Jahren. Der bringt im Wohnzimmer einiges in Bewegung. Wunderbar. Das Kind ist nicht getauft. Der Vater möchte es gerne, die Mutter lieber nicht. Die Kontroverse ist kein Ausdruck von Ehekrach, beide sind entspannt. Die Großeltern mütterlicher- und väterlicherseits möchten auch gerne die Taufe. Die Mutter meint, ihr Sohn solle sich später selbst entscheiden. Als Lehrerin weiß sie aber auch, dass man erst etwas kennenlernen sollte, bevor man sich entscheiden kann. Keineswegs ist die Mutter sehr kirchenkritisch. Sie zahlt die Kirchensteuer, weil sie denkt, die Kirche mache doch viel Gutes für die Armen. Der Vater war früher Messdiener und erinnert sich gerne an die schöne Zeit in einer guten Gemeinschaft. Der größte Fehler wäre wohl gewesen, hätte ich die beiden in eine Richtung gedrängt. Eine gute Stunde haben wir gesprochen, ohne Ergebnis im Sinne von Ja oder Nein. Aus Blödsinn habe ich gesagt: Werfen Sie doch einfach eine Münze hoch und lassen sie so entscheiden. Die Eltern waren froh über das Gespräch, sie wollten noch weiter nachdenken. Mein einziger Rat war: Machen Sie es sich nicht zu kompliziert! Vieles im Leben ist einfach, nicht kompliziert; zugleich ist es schwer und nicht leicht. So schien es mir auch mit der Frage des Paares.

Wenn ältere Frauen von der Taufe ihrer Kinder erzählen, berichten sie von zwei Erfahrungen, die heute kaum jemand glauben will.

Zum einen wurden die Frauen vor der Kirchentür nach der Geburt eines Kindes vom Pfarrer mit Weihwasser „ausgesegnet", bevor sie wieder die Kirche betreten durften. Es kam ihnen so vor, als sei es etwas Unreines gewesen, ein Kind zu gebären. Es gibt Religionen, in denen Frauen während der Zeit der Menstruation und der Schwangerschaft als kultisch unrein gelten. Zum Glück gibt es die Aussegnung nicht mehr, denn es sah ja so aus, als mache Sexualität schmutzig. In anderen Bereichen der Sexualmoral hat die Kirche noch Entwicklungspotential, zum Beispiel in der Akzeptanz homosexuell geschaffener Menschen.

Die andere Erfahrung älterer Mütter ist, dass sie ihr Kind bei der Taufe im Krankenhaus nicht selber auf dem Arm tragen durften. Das machte eine Ordensschwester. Die Erfahrung von Absonderung war in der Heilsanstalt Kirche vorhanden. Im Glaubensbekenntnis sprechen wir von der heiligen Kirche. Früher dachte man, also müsse auch das Personal heilig im Sinne von abgesondert sein. Heute sagt der neue Hildesheimer Bischof Heiner Wimmer: „Wir werden den Glauben an die ‚heilige Kirche‘ nur noch dann redlich bekennen können, wenn wir mitbekennen: Diese Kirche ist auch eine sündige Kirche" *(Kölner Stadt-Anzeiger,* 14.12.2018).

Unser Jugendkaplan hat uns als Kinder begeistert. Sehr gerne gingen wir sonntags zu ihm in die Christenlehre, denn er konnte spannend erzählen und Gitarre spielen. Heute sind wir stolz, dass nach ihm sogar eine Straße in einem Dorf im Bergischen benannt ist. Was wir damals nicht wussten: Er hat nie mit seiner Haushälterin zusammen gegessen. Er war der „Heilige Mann", der so etwas Profanes wie Essen nur solo machen durfte. Wenn man bedenkt, wie sich heutzutage der Papst in der Kantine des Vatikans anstellt, merkt man die Entwicklung. Als ich meiner Mutter vom Mittagstisch unseres Jugendkaplans erzählte, berichtete sie von Schwester Theophana, bei der ich im Kindergarten war, meine Mutter war dort Erzieherin. Um ein Butterbrot zu essen, ging die Schwester hinter die Büsche, damit die Kinder sie nicht sahen.

Seit dem Zweiten Vatikanischen Konzil ist klar, dass alle Getauften und Gefirmten Anteil haben an Christus. Er ist der Hohepriester, der König und der Prophet. Also sind wir alle priesterliche Menschen, kleine Könige, leben im Geiste Gottes.

Manchmal halten sich noch Reste der alten Sicht, wie es noch Schneereste gibt im Frühling. So meint Kardinal Gerhard Müller, Ex-Chef der Glaubenskongregation in Rom, nach der Ordnung der Kirche könnten Laien, also Getaufte und Gefirmte, nicht über geweihte Amtsträger, also Priester und Bischöfe, urteilen. Zum Glück sehen das viele anders, auch im Blick auf die lange Geschichte der Kirche.

Autorität verdunstet, wenn sie überstrapaziert wird. Kaum einer hat etwas dagegen, wenn Papst und Bischöfe die Lehre der Kirche verkünden und weiterentwickeln. Das ist ja ihre Aufgabe. Die Seelsorgerinnen und Seelsorger vor Ort schauen dann aus der Perspektive der Menschen gemeinsam mit ihnen auf die Lehre der Kirche. Was davon macht die Menschen glücklich, wie es der Katechismus will? Was passt zu ihrem Leben? Und was kann nur vor Ort, mitten im Leben entwickelt werden? Genau das meint Papst Franziskus, wenn er so oft auffordert: Geht von der Mitte an die Ränder!

16. Schönes Miteinander

Woran kann sich das Miteinander orientieren? Also das Miteinander von Lehre und Praxis, Bischof und Gemeinden, Hauptamtlichen und Ehrenamtlichen, Priestern und Laien.

Mit gefallen die vier Grundsätze des „Harvard-Konzeptes",
das für die Wirtschaft 1981 von Roger Fisher und William Ury
entwickelt wurde.

1. Trennung von Sachebene und Beziehungsebene

Manche Forscher, zum Beispiel Leo Penta von *Community Or-
ganizing*, meinen, dass 98 Prozent der Zusammenarbeit von
Menschen von den Beziehungen abhängen. Also kommt es
auf das Klima an, auf gegenseitiges Wohlwollen. Peter Sloter-
dijk schreibt: „Ein Gesellschaftsvertrag beginnt damit, dass die
Menschen entscheiden, in welchem Klima sie leben wollen."
Oder, ganz klassisch, Goethe: „Das Was bedenke, noch mehr
das Wie." Das Wie fängt schon mit kleinen Dingen an. Ein Re-
ferent in der kirchlichen Bildung erzählt mir, dass er meistens
nicht einmal eine Flasche Wasser und ein Glas vorfindet, wenn
er einen Vortrag in einer Pfarrei hält. Von einem kleinen sym-
bolischen Dankgeschenk beim Abschied ganz zu schweigen.

Zur Beziehungsebene gehört auch die Gestaltung der Räume.
Sieht es aus wie in den sechziger Jahren, wurden die Vorhänge
vor drei Jahren zuletzt gereinigt? Oder ist die Anmutung ein-
ladend, zeitgemäß und in dem Sinne passend?

Wenn die Beziehungsebene von Respekt und Gastfreundschaft geprägt ist, können auf der Sachebene die „harten" Fakten auf den Tisch. Dank der *„soft skills"* darf es dann zur Sache

gehen. Am besten mit Moderation und Protokoll. Bei uns gibt
es übrigens bei jeder Sitzung auch etwas zu essen, im Pfarrgemeinderat in der Pause zur Sitzungsmitte. Bei uns passt das,
woanders wäre es wohl übertrieben. Aber Getränke und etwas
zum Knabbern gehören immer auf den Tisch. Zu beachten ist
auch, dass Ehrenamtliche manchmal direkt von der Arbeit zu
Treffen kommen; dann sollte ein kleiner Imbiss bereitstehen.

2. Konzentration auf Interessen statt Positionen

Wer schon vorher weiß, wie die anderen ticken, versperrt sich
den Zugang zur Meinung der anderen. Wer weiß, vielleicht haben sie die Position, die ich bei ihnen vermute, längst überdacht
und sind gespannt darauf zu erfahren, ob auch ich mich entwickelt habe. So macht es viel Sinn, die Interessen der anderen
zu erfahren. Also auch ihre Wünsche und Hoffnungen. Nicht
selten stellt sich heraus, dass Einigkeit im Ziel besteht, nur die
Wege dahin werden verschieden eingeschätzt.

3. Entwicklung von Optionen zum beiderseitigen Vorteil

Dieser Schritt ist entscheidend. Es darf nicht darum gehen, dass
die eine Seite verliert und die andere gewinnt. Es geht darum,
dass alle ihr Gesicht wahren können. Oft sitzen ja in den kirchlichen Gremien Vertreterinnen und Vertreter von Gruppen.
Darf der Kirchenchor bei der Fronleichnamsprozession nicht
mehr singen, weil er Stücke wie vor 70 Jahren im Repertoire hat,
welche die jungen Familien eher abschrecken? Oder findet sich
ein konstruktiver Kompromiss? Der Chor am Anfang zur feier-
lichen Eröffnung und zum Schluss beim sakramentalen Segen,

und noch einmal beim Grillen danach zur Untermalung. Aber auch der Kinderchor mit fröhlichen Gesängen und der Kindergarten mit krähenden Stimmen.

4. Anwendung neutraler Beurteilungskriterien

Diese lassen sich am besten finden, wenn alle gemeinsam versuchen, das Ziel zu bestimmen.

Oft geht es in den Pfarreien darum, welche Gottesdienste aufgegeben werden müssen, weil Priester fehlen. Oder auch darum, welche Kirchen nicht mehr erhalten werden können, weil kein Geld mehr zur Unterhaltung da ist, wie bei den fast 100 Kirchen im Bistum Essen. Wie kommt man weg von der reinen Besitzstandwahrung?

Das schlechteste Kriterium ist, überall ein bisschen abzuschneiden. Damit möglichst lange so viel oder eben so wenig bleibt, wie es immer war.

Für die Gottesdienste ist ein gutes Entscheidungskriterium die Frage, wie man es hinbekommt, dass alle zu einem Sonntagsgottesdienst kommen können. So hat eine recht reiche Pfarrei eingeführt, dass Menschen ohne Auto auf Kosten der Pfarrei ein Taxi bestellen können, um zur Kirche zu fahren. Eine Pfarrei auf dem Land hat Ehrenamtliche gefunden, die die zumeist älteren Menschen zur Kirche mitnehmen. Das Kriterium bringt auf die einfache Idee: Wer kommen will, den bringen wir hin.

Ein anderes neutrales Beurteilungskriterium ist, ob der jeweilige Diözesanbischof Wortgottesdienste ohne Priester am Sonntag erlaubt. Das ist von Diözese zu Diözese verschieden. Es bringt nun nichts, darüber zu lamentieren, was erlaubt oder verboten ist. Zuerst einmal sind die Spielregeln zu akzeptieren.

Vielleicht sieht der nächste Bischof es ja anders. Dann steht in der Zukunft ein anderer Grundsatz zur Verfügung.

Bei allem sind der Kreativität keine Grenzen gesetzt. Auf dem Land ist es nicht selten so, dass in den kleinen Dörfern kein Sonntagsgottesdienst mehr möglich ist. Viele ältere Menschen wollen nun nicht woanders hingefahren werden, weil sie vor Ort verwurzelt sind. Also macht die Frauengemeinschaft einmal in der Woche einen Wortgottesdienst mit Kaffee und Kuchen anschließend. Im Mai und im Oktober eine Marienandacht mit den alten Liedern. Vielleicht kommt in diese entspannte Atmosphäre dann einmal im Monat auch gerne der Pfarrer, wenn er keine Beerdigung hat, und hält eine Eucharistiefeier. Und plaudert danach mit Freude mit den Einwohnern des Dorfes.

Das wichtigste Kriterium ist dann, dass es schön ist und Freude macht.

Moral und Ästhetik gehören zusammen. 1984 hat das Heinrich Böll im Blick auf den engagierten Menschenfreund Rupert Neudeck sehr poetisch unter dem Titel „Die Poesie des Tuns" so aufgeschrieben:

Es ist schön, ein hungerndes Kind zu sättigen,
ihm die Tränen zu trocknen,
ihm die Nase zu putzen,
es ist schön, einen Kranken zu heilen.
Ein Bereich der Ästhetik, den wir noch nicht
entdeckt haben,
ist die Schönheit der Gerechtigkeit.
Über die Schönheit der Künste, eines Menschen,
der Natur können wir uns halbwegs einigen.
Aber – Recht und Gerechtigkeit sind auch schön,
und sie haben ihre Poesie, wenn sie vollzogen werden.

17. Arbeit

Manchmal ist zu hören: Vor hundert Jahren hat die Kirche die Arbeiter verloren, heute verliert sie die Frauen. Ich möchte es einmal umdrehen: Geht es nicht eher um die Frage, ob die Arbeiter*innen und die Frauen die Christen und die Kirchen auf ihrer Seite spüren?

Vor 25 Jahren ging es um Frauen, die Arbeiterinnen waren. Im Krankenhaus der Franziskanerinnen in Wissen an der Sieg wurde gut 20 Reinigungskräften in festen sozialversicherungspflichtigen Arbeitsverhältnissen gekündigt. Die Ordensschwestern hatten junge Manager eingestellt, die wussten, wo Geld zu holen war: feste Kräfte raus, Putzfirmen rein.

Die Betriebsratsvorsitzende war eine Powerfrau. Körperlich klein, aber mit einem großen Herzen und enormer Kraft. Sie war Mitglied in der KAB, der Katholischen Arbeitnehmer Bewegung. Bei der war ich auch. Gemeinsam mit vielen aus der Gewerkschaft und der KAB hielten wir ein Jahr lang jeden Freitag eine Mahnwache vor dem Krankenhaus. Da es E-Mails noch nicht gab, schickten wir so viele Faxe jeden Tag, dass die Manager die Geräte in der Ordenszentrale abstellten. Im Karnevalszug in Wissen fuhr ein Wagen mit, der die Entlassungen thematisierte. Wir machten auch Pressearbeit, sodass ich mich in der *BILD*-Zeitung abgebildet fand.

Wir wollten unseren Kardinal auf die Situation aufmerksam machen, zumal wir erfuhren, dass auch in kirchlichen Häusern Firmen von außerhalb statt festangestellter Kräfte üblich würden. Die Ersparnis geht dann natürlich auf Kosten der Arbeitnehmer*innen, im Reinigungsgewerbe hauptsächlich von Frauen. Wir trainierten, damit sich die Frauen nach einer Konferenz in der Industrie- und Handelskammer in Köln dem Kardinal zu

Füßen werfen lernten und ihn am Weitergehen hindern konnten. Gesagt, getan. Immerhin hörte der Erzbischof den Frauen zu und rief nicht nach *Security*.

Was hat es bewirkt? Die Frauen in Wissen erhielten ihre Arbeitsplätze damals nicht zurück, kirchliche Häuser beschäftigen weiterhin Fremdfirmen. Verändert hat sich das Klima. Die Menschen in Wissen und auch weit darüber hinaus haben wahrgenommen, auf welcher Seite Christen stehen. Es war vielleicht auch ein kleiner Beitrag zur Diskussion um den Mindestlohn. Damals noch von vielen Wirtschaftsleuten als nicht finanzierbar dargestellt, ist er heute eine Selbstverständlichkeit und wird regelmäßig erhöht.

Ein erfüllendes Erlebnis ist die Solidarität der Arbeiterinnen gewesen, die bis heute anhält. Als ich 2019 die damalige Betriebsratsvorsitzende in Wissen beerdigen musste und durfte, war die Kirche mit mehr als 300 Menschen gefüllt. Der größte Saal in der Stadt reichte gerade für den Kaffee nach der Beisetzung.

Prekariat

Die Situation der Menschen im „Maschinenraum" der Gesellschaft rückt heute verschärft in den Blick. In seinem Buch „Die Gesellschaft der Singularitäten" schildert der Soziologe Andreas Reckwitz, wie sich die „nivellierte Mittelschichtgesellschaft" (so nannte sie Helmut Schelsky vor Jahrzehnten) aufspaltet. Nämlich in eine akademisierte gehobene Mittelschicht, die durch den Bildungsaufstieg wohltemperiert lebt, reist, die Rente genießt und ein Eigenheim besitzt. Und in eine untere Mittelschicht, die abrutscht. Das sind die Krankenschwestern, Reinigungskräfte, Hotelangestellten, Verkäuferinnen, Erzieherinnen – die im Maschinenraum des Gesellschaftsschiffes. Sie machen die (Drecks-)Arbeit und halten den Betrieb am Laufen.

Ihre Situation ist prekär. Eine Wohnung finden sie oft nur weit weg vom Arbeitsplatz. Auch wenn beide Ehepartner arbeiten, werden schon zwei Kinder zum finanziellen Abenteuer. Die Bewegung der Gelbwesten in Frankreich hat in solchen Erfahrungen ihren Ursprung. In unserem Stadtteil wohnen viele Menschen, die für kleine Löhne schuften, manchmal auch von mehreren geringfügigen Jobs leben müssen. Die Unterstützung durch Kleiderladen, Fahrradwerkstatt und vor allem für Kinder gibt den Familien und besonders auch den Alleinerziehenden etwas Luft. So können sie ihr knappes Budget anders einsetzen.

Solidarische Lehre

Am 1. Mai ist der Tag der Arbeit, auch das Fest des Heiligen Josef, der ja als Schreiner von seiner Hände Arbeit die Familie ernährte. Seit mehr als dreißig Jahren gehe ich mit bei der Demonstration der Gewerkschaften und der anschließenden Kundgebung. Schließlich ist keine Weltanschauung laboristischer, also der Würde der Arbeit zugewandt, als unsere Christliche Soziallehre. Nur einmal war ich nicht dabei. 2016 fiel der 1. Mai auf den Sonntag, an dem unsere Erstkommunionfeier stattfindet, da blieb mir keine Wahl. In kleineren Städten als Köln wünschen die Gewerkschaften manchmal auch einen Pfarrer als Mairedner; so war ich zum Beispiel in Speyer und Betzdorf. Mitglied der Gewerkschaft bin ich seit über dreißig Jahren. Früher gehörten Pfarrer zur HBV, also Gewerkschaft Handel, Banken und Versicherungen, heute zu Ver.di, Vereinigte Dienstleistungsgewerkschaft.

Was ich im Kleinen versuche, macht der Papst im Großen. Alle Päpste seit Pius XII. halten engen Kontakt zur ILO, der *International Labour Organisation* der Vereinten Nationen. Dort arbeiten Jesuiten intensiv mit. Papst Pius XII. brachte die Bedeutung der Arbeit prägnant zum Ausdruck: „Der Mensch ist zur Arbeit geboren wie der Vogel zum Flug." Die Pastoralkonstitution des letzten Konzils formuliert in Nr. 67: „Die Arbeit nämlich, gleichviel ob selbständig ausgeübt oder im Lohnarbeitsverhältnis stehend, ist unmittelbarer Ausfluss der Person, die den stofflichen Dingen ihren Stempel aufprägt und sie ihrem Willen dienstbar macht."

Papst Paul VI. erklärte dann 1969 vor der Internationalen Arbeitsorganisation: „Auf allen diesen Seiten der Heiligen Schrift erscheint die Arbeit als etwas mit dem Menschsein Gegebenes, und zwar derart, dass der Sohn Gottes, da er einer von uns wurde, auch zugleich Arbeiter geworden ist."

Papst Johannes Paul II. hat eine große Enzyklika über die menschliche Arbeit verfasst, *Laborem exercens* (Durch Arbeit). Markant ist seine Aussage in Absatz Nr. 14 über das Verhältnis von Kapital und Arbeit: „Man darf die Produktionsmittel nicht gegen die Arbeit besitzen, weil das einzige Motiv, das ihren Besitz rechtfertigt, ... dies ist, der Arbeit zu dienen." Das ist starker Tobak, den heute auch Papst Franziskus raucht.

Für die Christliche Soziallehre ist Arbeit ein Grundwert wie das Leben, nicht nur ein Grundrecht. Das finde ich kompliziert, denn ohne zu leben geht arbeiten ja nicht. Es zeigt allerdings, wie hoch die Soziallehre die Arbeit als Faktor eines gelingenden Lebens einschätzt. Eigentum ist nur ein Dienstrecht. Spitzen wir es einmal zu: Müsste man nicht sein Eigenheim in Zeiten der Arbeitslosigkeit verkaufen, um mit dem Kapital Arbeitsplätze zu schaffen? Das ist natürlich spekulativer Quatsch, zeigt aber die Gewichtung der Werte und Rechte. Den Stellenwert der Arbeit im Wirtschaftsprozess betont das Konzil, da hat die Arbeit den Vorrang vor allen anderen Wirtschaftsfaktoren: „Die in der Gütererzeugung, der Güterverteilung und in den Dienstleistungsgewerben geleistete menschliche Arbeit hat den Vorrang vor allen anderen Faktoren des wirtschaftlichen Lebens, denn diese sind nur werkzeuglicher Natur" (Nr. 67).

In der Bibel werden vier Sünden als „himmelschreiend" bezeichnet: Sodomie, vorsätzlicher Mord, Benachteiligung der Witwen und Armen – und die Vorenthaltung des gerechten Arbeitslohnes. Im ersten Fall denken wir heute nicht an eine Sünde, sondern eher daran, zu einem guten Psychiater zu gehen. Im zweiten Fall würden wir wohl zustimmen. Bei Witwen, Waisen und Armen kommt uns das soziale Netz des Staates in den Sinn, sie werden heutzutage zumindest bei uns besser unterstützt als zu biblischen Zeiten. Das ist ein Verdienst der Sozialen Marktwirtschaft und der Daseinsvorsorge des Staates. Kritisch bleibt die Problematik des gerechten Arbeitslohnes. Im Sinne der Verteilungsgerechtigkeit muss der Lohn ausreichen für Nahrung, Kleidung, Wohnung und Teilnahme am kulturellen Leben. Der Warenkorb der Sozialhilfe richtet sich danach aus. Ob es jeweils reicht, bleibt umstritten. Gerade für die Altersversorgung der Menschen ist ein ausreichender Lohn entscheidend.

Verteilungsgerechtigkeit schildert in der Bibel das Gleichnis von den Arbeitern im Weinberg. Der Weinbergbesitzer entlohnt alle Arbeiter gleich, egal wie lange sie gearbeitet haben, manche nur eine Stunde. Er gibt allen das, was sie zum Leben brauchen, einen Denar. So ist Gott, will Jesus sagen, er versorgt alle.

Gerechte Perspektive

Nun zum starken Tobak, den Papst Franziskus raucht. Das apostolische Schreiben des Papstes *Evangelii gaudium* (Freude am Evangelium) vom November 2013 hat manchen Lesern nicht nur Freude gemacht. Der Satz „Diese Wirtschaft tötet" stieß gerade bei Unternehmern und Wirtschaftswissenschaftlern auf energische Kritik. Woher nimmt der Papst seine Kompetenz in Wirtschaftsfragen? Nimmt er nicht den Mund zu voll? Er sollte bescheidener sein: Schuster, bleib bei deinem Leisten!

Inzwischen verraucht mancher Ärger, wenn man näher schaut und liest – immerhin hat der Text 180 Seiten, es ist ja eine Art Regierungserklärung des damals neu gewählten Papstes. In seinem Kapitel zur Wirtschaft formuliert Franziskus ein vierfaches Nein:

- Nein zu einer Wirtschaft der Ausschließung.
- Nein zu einer Vergötterung des Geldes.
- Nein zu einem Geld, das regiert, statt zu dienen.
- Nein zur sozialen Ungleichheit, die Gewalt hervorbringt.

Der Papst verurteilt also einen Kapitalismus, der das Ziel aus den Augen verliert, den Menschen zu dienen. Auf einen Satz gebracht, könnte man sein Anliegen so formulieren: „Die Wirtschaft ist für die Menschen da, nicht die Menschen für die Wirtschaft." Oft zitiert wurde das drastische Bild des Papstes, dass es keine Nachricht wert ist, wenn ein Obdachloser erfriert, während es Schlagzeilen macht, wenn der Börsenkurs um zwei Punkte sinkt. Der Papst packt seine Worte eben nicht in Watte, er will aufrütteln. Und er vereinfacht Probleme, wenn er etwa schreibt, es sei nicht mehr zu tolerieren, dass Nahrungsmittel weggeworfen werden, während woanders Menschen hungern.

Der Papst verurteilt einen nackten, radikalen Kapitalismus. Den hat er in seinem Heimatland Argentinien kennengelernt. Die Folge beschreibt der Papst so: Argentinien könnte aufgrund der Segnung mit fruchtbaren Böden 300 Millionen Menschen ernähren. Es hat 40,5 Millionen Einwohner, doch die Hälfte der Menschen lebt in Armut. Der Papst hat erlebt, wie Großgrundbesitzer die Äcker von armen Kleinbauern zerstören. Er kämpft gegen eine Wirtschaft der Rücksichtslosigkeit. Das ist die eine Seite in seinem Schreiben.

Die andere ist die Hochachtung des Papstes vor dem Unternehmer, der sein Wirtschaften als Dienst an Menschen versteht. Eine soziale Marktwirtschaft ist ganz im Sinne des Papstes. Natürlich ist er kein Kommunist, denn er weiß, was Totalitarismus gleich welcher Art anrichtet. Knapp formuliert wird man den Papst als „Rheinischen Kapitalisten" bezeichnen können. Das meint: Die Wirtschaft braucht klare Regeln und eine moralische Orientierung. Der Papst schreibt: „Die Tätigkeit eines Unternehmers ist eine edle Arbeit, vorausgesetzt, dass er sich von einer umfassenderen Bedeutung des Lebens hinterfragen lässt; das ermöglicht ihm, mit seinem Bemühen die Güter dieser Welt zu mehren und für alle zugänglicher zu machen, wirklich dem Gemeinwohl zu dienen" *(Evangelii gaudium,* Nr. 203).

Im Gegensatz zu dieser Beschreibung des ehrbaren Kaufmanns und Unternehmers steht die Sicht des Papstes auf den völlig unbescheidenen entfesselten Kapitalismus: „Die Gier nach Macht und Besitz kennt keine Grenzen. In diesem System, das dazu neigt, alles aufzusaugen, um den Nutzen zu steigern, ist alles Schwache wie die Umwelt wehrlos gegenüber den Interessen des vergöttlichten Marktes, die zur absoluten Regel werden" *(Evangelii gaudium,* Nr. 56).

Für den Papst heißt Bescheidenheit, sich für die Kleinen und Schwachen einzusetzen. *Misericordia,* Barmherzigkeit, ist das Zauberwort – es stand auch auf den Arzneischachteln, die er auf dem Petersplatz verteilen ließ. Schon Seneca hat gesagt: *Res sacra miser.* Ein Armer ist etwas Heiliges. Nicht die unsichtbare Hand und der Profit der *Shareholder!*

Geschickt zeigt der Papst Bescheidenheit bei der Einschätzung seiner wirtschaftlichen Kenntnisse, zugleich formuliert er seinen moralischen Anspruch, wenn er schreibt: „Es ist nicht Aufgabe des Papstes, eine detaillierte und vollkommene Analyse der gegenwärtigen Wirklichkeit zu bieten, aber ich fordere alle Gemeinschaften auf, sich um eine immer wachsame Fähigkeit, die Zeichen der Zeit zu erforschen, zu bemühen, wir stehen hier vor einer großen Verantwortung..." *(Evangelii gaudium,* Nr. 51).

Der Papst fordert eine solidarische Ökonomie, eine Orientierung auf das Gemeinwohl. Dies zeigte sich im Kleinen schon bei seiner Amtseinführung. Den Menschen aus Argentinien, die dorthin kommen wollten, riet er, auf den teuren Flug zu verzichten und das Geld stattdessen den Armen zu geben. Das sei die beste Form der Teilnahme. Einen allerdings lud er persönlich ein zu kommen, einen Freund, einen „*Cartonero",* einen Papiersammler. Den ließ er einfliegen.

Der Leiter des Hilfswerks für Lateinamerika ADVENIAT hat schön formuliert: Franziskus sieht auf die Welt aus der Perspektive eines Schuhputzers. Das macht bescheiden und zugleich anspruchsvoll: Der Anspruch auf eine gerechte Gestaltung der Welt wächst!

18. Frauen

Ohne Zweifel könnte unsere Gemeindereferentin die Pfarrei leiten. Sie ist fit wie ein Turnschuh. 20 Prozent ihres Arbeitsumfangs ist sie Gemeindeentwicklerin und berät Pfarreien im ganzen Erzbistum. Sie hat also Ahnung, worauf es heute ankommt. Mit 40 Prozent ist sie Seelsorgerin im Krankenhaus, sie macht den Job dort im Alleingang. Mit den restlichen 40 Prozent wirkt sie bei uns mit. Ein Energiebündel.

Der Bischof vertraut ihr keine Gemeinde an, denn sie ist eine Frau. 1976 und 1994 haben die Päpste klargestellt, dass an das Priesteramt für Frauen nicht zu denken sei. Heißt das auch, dass Frauen keine Gemeinde leiten dürfen? Bei uns im Erzbistum Köln und in den allermeisten deutschen Bistümern ist das so. In der Schweiz ist es anders. Dort gibt es hauptamtliche Gemeindeleiterinnen. Ebenso männliche Pastoralreferenten, die das machen. Kürzlich noch war eine Gruppe von ihnen bei uns zu Besuch, um unseren diakonischen Ansatz im Sozialraum kennenzulernen. Die Priester übernehmen in der Schweiz die Aufgaben, die ihnen vorbehalten sind, die Spendung der Sakramente, außer dem Ehesakrament, das sich die Eheleute ja gegenseitig spenden. In den Gebieten der Welt, in denen es kaum Priester gibt, sind es oft Ordensfrauen, die die Gemeinden leiten, etwa in Südamerika.

Auch in Deutschland ist die Sakramentenspendung durch Priester nicht immer gesichert, weil die Zahl der Priester zurückgeht. Deutlich wird dies bei der Krankensalbung. In den beiden Krankenhäusern, in denen ich die Krankensalbung spende, war vor fünfzehn Jahren noch je ein Priester in Vollzeitbeschäftigung tätig. Beide sind weg. In dem einen Krankenhaus wirkt ein Pastoralreferent, in dem anderen unsere Gemeindereferentin. Sie begleiten die Kranken, vor allem auch die Sterbenden. Für die Krankensalbung müssen sie mich holen. Das verstehen manche Todkranke oder die Angehörigen nicht: Warum kommt denn jetzt ein anderer? Da ich ja nicht nur Krankenhausseelsorger bin, kommt dazu noch die Frage, ob ich auch immer erreichbar bin, wenn es nötig ist – und Schwerkranke lässt man weder medizinisch noch seelsorgerlich lange warten.

Eine Lösung kommt in den Blick, wenn man sich auf den alten Sinn der Krankensalbung besinnt. Es ist nicht die „Letzte Ölung" kurz vor dem Tod, sondern ein Sakrament der Stärkung und Zuversicht für kranke und ältere Menschen. Also nicht der „Letzte Ölwechsel", wie die Menschen hier in Köln scheinbar despektierlich, in Wirklichkeit ehrfürchtig sagen.

Die Lösung hat gleich zwei gute Seiten. Zum einen gestaltet unsere Gemeindereferentin einmal im Jahr einen Gottesdienst mit Krankensalbung (gespendet vom Priester) in einer unserer Kirchen. Knapp hundert ältere Menschen kommen dann. Danach gibt es natürlich eine Zusammenkunft bei Kaffee und Kuchen im Pfarrsaal. Zum andern sind viele Angehörige oder die Sterbenden froh, wenn die Gemeindereferentin im Krankenhaus dann einen kleinen Gottesdienst mit Krankensegen (gespendet von der Gemeindereferentin) gestaltet – denn die Krankensalbung ist ja schon geschehen. Manche Seniorinnen empfangen sie auch Jahr für Jahr. Ich persönlich habe das Sakrament auch schon zweimal von einem anderen Priester gespendet bekommen. Auch im Seniorenhaus gibt es wie in unserer Pfarrkirche einmal im Jahr einen Gottesdienst mit Krankensalbung.

Bedarfsorientierung

Es geschieht nun das, was die Kirche schon im zweiten Jahrhundert tat, als die Zahl der Christen stark anstieg. Die bisherigen Hauskirchen, kleine Gruppen, die sich in den Häusern trafen, reichten als Organisationsform nicht mehr aus. Wäre man dabei geblieben, sie einfach zu vermehren, hätte es mit der Weitergabe des Glaubens nicht geklappt. Also wurden Aufgaben und Ämter von den Bedarfen der Menschen her entwickelt. Eins war klar: Die Sorge um die Armen und Kranken musste der entscheidende Punkt bleiben. Die Dienste und Ämter wurden „wegen ihrer Nützlichkeit" und „wegen der großen Zahl der Gläubigen" eingerichtet, wie es ein zeitgenössischer Theologe beschreibt. „*Salus animarum*", die Sorge um das Heil der Seelen, war der Ausgangspunkt der Überlegungen. Also gab es Diakoninnen und Diakone für die Armenpflege. „*Clerus minor*", „kleinerer Klerus" wurden die genannt, die wichtige Aufgaben übernahmen. Es gab Türsteher, so ähnlich wie heute die „*Greater*" (Begrüßer) in unserer Pfarrkirche. Oder Lektoren (Vorleser), Exorzisten (Austreiber von bösen Geistern), Kantoren (Sänger), Totengräber und sogar Lampenanzünder.

Die Entwicklung im zweiten Jahrhundert erinnert mich an eine neue Organisationsform der Kirche in den USA. Dort bedeutet „*Stewardship*", dass die Gläubigen ihre Fähigkeiten der Gemeinde und damit dem Herrgott zur Verfügung stellen. Wie Stewardess und Steward im Flugzeug sind sie die Betreuer, die Kümmerer. Wichtig sind in den USA die Parkwächter*innen. Denn fast alle außerhalb der großen Städte kommen mit dem Auto zum Gottesdienst am Sonntag. Neben den Kirchen sind also große Parkplätze. Stewards weisen die Parkplätze an. Und der Clou: Die Menschen, die neu sind und die sie noch nicht kennen, bekommen die besten Parkplätze direkt neben der Kirche. Das ist Willkommenskultur. Im Durchschnitt probieren die Amerikaner 2,8 Pfarrgemeinden aus, bevor sie sich für eine entscheiden. Wichtig in den Pfarreien in den USA ist nach dem Einparken, den neuen Besucher*innen nicht auf die Nerven zu gehen. Im Empfangsraum gibt es die wichtigsten Informationen, aber man lässt die Neuen in Ruhe. Wie in einem Geschäft bei uns, wo man es ja auch nicht gerne hat, von der Verkäuferin ständig bedrängt zu werden; ein einmaliges „Kann ich Ihnen helfen?" ist ja okay.

Da es in den USA keine Kirchensteuer gibt, sind auch die Stewards für die Spendensammlung unerlässlich. Allerdings wissen auch alle Gemeindemitglieder, dass es ohne ihren Beitrag nicht geht. Bei all diesen Aufgaben ist es in den USA wie bei uns: Ohne die Frauen läuft nichts.

Tür zu

Die Katechese der Kommunionkinder liegt ganz überwiegend in den Händen von Frauen. Caritas weitgehend, also Kleiderkammern, Lebensmittelausgabe, Beratung der Menschen. Bei der Firmkatechese ist es halbe/halbe. Wir haben zum Glück auch noch Jungen als Ministranten, in anderen Pfarreien sind es fast ausschließlich Mädchen. Nur im Kölner Dom ist es umgekehrt, dort sind nur Jungen Messdiener. Soeben gab es dort eine kleine feministische Wende, vielleicht sogar Revolution. Das Domkapitel hat die ersten vier Frauen als Domschweizer eingestellt. Die Schweizer bewachen die Kirche, sammeln in einem Behältnis vor ihrem Bauch Spenden, geben Informationen oder verteilen Tücher im Sommer an die Menschen, die allzu wenig bekleidet in den Dom wollen. Auch bitten sie darum, Fritten oder Eis vor dem Besuch des Gotteshauses zu verzehren.

Fast wäre unsere Kirchentür vor 25 Jahren zugemauert worden. Es ging das Gerücht, der Papst wolle Messdienerinnen weltweit verbieten. Der Pfarrgemeinderat erklärte, dass der Eingang zugemauert werde, wenn das stimmen würde, und: aus die Maus. Zum Glück blieb es beim Gerücht. Die kleine wahre Anekdote zeigt, wie dünnhäutig die Menschen geworden sind bei der Frage nach der Beteiligung der Frauen in der Kirche.

Das habe ich schon vor vierzig Jahren als junger Kaplan an meiner ersten Stelle erlebt. Als der sehr bescheidene Kardinal Höffner, ein Mann mit vier Doktortiteln und ganz nah bei den Menschen, in unsere Gemeinde in Pulheim kam, wurde er mit den zwei Standardfragen von den Jugendlichen konfrontiert. Erstens, warum er denn im dicken Mercedes komme und nicht im Kleinwagen. Zweitens, wann denn Frauen Priester werden könnten. Messdienerinnen hatten wir schon, obwohl es noch nicht so richtig erwünscht war. Die Antwort war für den gütigen Bischof und einfühlsamen Seelsorger nicht einfach. Die Fragen stellten ja junge Menschen, die in der Gemeinde engagiert und im Glauben verwurzelt waren. Auch dem berühmten Professor, Berater der Bundesregierung und Miterfinder der dynamischen Rente, fiel zum Frauenpriestertum nicht mehr ein, als dass Jesus nur Männer als Apostel berufen habe und es die Tradition der Kirche gäbe. Die Frage nach dem Mercedes war ihm als sehr bescheidener Persönlichkeit sichtlich peinlich. Die ehrliche Antwort, die auch gut ankam, war, dass er sich darum nicht kümmere und im Auto arbeite, also etwas Platz günstig wäre.

Die Problematik der Frauen in kirchlichen Ämtern ist dieselbe wie heute. Zum einen gibt es die Lehre der Kirche, die sich nur sehr langsam entwickelt. Manchmal aber auch sprunghaft, zum Beispiel als Papst Franziskus die Todesstrafe aus dem Katechismus warf. Zum andern gibt es die Erwartung der Menschen aufgrund der Entwicklung der Zeitläufte. Die Gleichberechtigung der Frauen ist inzwischen Grundnorm der Gesellschaft, auch wenn es mit der gleichen Bezahlung am Arbeitsplatz noch hapert.

Viele Bischöfe in Deutschland erkennen die Problematik. Sympathisch finde ich, was Bischof Peter Kohlgraf aus Mainz schreibt: „Die Unvereinbarkeit der Sichtweisen macht mich ratlos." Was bei Kardinal Höffner vor vierzig Jahren schon spürbar war, bringt der junge Bischof auf den Punkt: Er gibt zu, keinen Rat zu haben. Kürzlich schrieb ein evangelischer Pfarrer in einem Buch, er habe zu seinem Arzt Vertrauen gefasst, als der auf die Frage nach der Ursache der Erkrankung sagte: „Ich weiß es nicht." Also ging es nun darum, gemeinsam auf Suche zu gehen.

Kohlgraf hat, kurz bevor er Bischof wurde, als Professor ein Buch geschrieben mit einem programmatischen Titel: Vergeben und Versöhnen. Er sieht die Kirche als Expertin für Vergeben und Versöhnen. Glaubwürdigkeit gewinne sie dadurch, dass sie dies auch innerbetrieblich vorlebe. Zur Frage des Frauenpriestertums schrieb er: „Es bedürfte meines Erachtens eines Konzils der Weltkirche, um überhaupt neu an diese Frage heranzugehen." Kardinal Walter Kasper erwartet eine Bewegung frühestens in fünfhundert Jahren, obwohl er als „liberaler" Theologe gilt. Ich halte es mit Adolf Kolping, der vor über 150 Jahren sagte: „Die Nöte der Zeit werden euch lehren, was zu tun ist." In Deutschland gibt es etwa 20.000 Studierende der Theologie, die meisten wollen Lehrer*innen werden. 500 wollen Priester werden, ein Teil von ihnen kommt im Beruf an. Wie das demnächst funktionieren soll, muss der Herrgott in die Hand nehmen.

Geht doch

Was ist nun, wenn eine junge gläubige Katholikin trotz aller Probleme noch zu ihren Lebzeiten Pfarrerin werden will?

Es geht, ich habe es erlebt mit einer sehr engagierten Gruppenleiterin in meiner ersten Kaplanstelle vor vierzig Jahren. Sie ist zur evangelischen Kirche konvertiert und ist nun eine glückliche Pfarrerin. Bei ihrer Pfarreinführung war ich dabei und durfte ihr, wie auch die anwesenden evangelischen Pfarrer, die Hand auflegen und einen Segensspruch sagen. Ich habe keinen Bibelspruch gewählt, sondern mein Lieblingswort von der Mystikerin Teresa von Àvila, den ich hier nocheinmal zitieren möchte: „Ob wir Gott lieben, wissen wir nie in unserem Leben ganz genau. Ob wir unsere Nächsten lieben, merkt man jeden Tag." Mystik ist praktisch. So hat Teresa von Àvila auch gemeint, Gott erfahre man beim Abspülen des Geschirrs.

Froh bin ich, dass die junge Pfarrerin eine Gemeinde in einem sozialen Brennpunkt gewählt hat. So lebt sie, was sie schon in ihrer Jugend erfahren hat: Die Armen sind die Lieblinge Gottes. Ich muss zugeben, dass ich auch ein klein wenig stolz bin, dass sie an meiner ersten Kaplanstelle ihre Berufung gespürt und in den folgenden Jahren konsequent umgesetzt hat. Vielleicht konnte ich dazu ein wenig beitragen, der Herrgott wird es wissen.

Frauenarmut

Beim Thema Frauen gilt es unbedingt, die Situation der armen Frauen in den Blick zu nehmen. Alleinerziehende kommen oft kaum über die Runden. Am Monatsende gibt es dann nur noch Nudeln mit Ketchup. Die Kinder bekommen als Schulbrot zwei trockene Scheiben Toast aus der Industriepackung. Oder trockene Nudeln, die im Mund aufweichen. Was ich nun berichte, glaubt kaum eine oder einer, aber es ist wahr. Manche kaufen Hundefutter in Dosen, weil es billiger ist als Leberwurst und so ähnlich schmeckt. Nicht selten unterschreiben Frauen die Ratenverträge oder Kredite ihrer Männer, ohne zu wissen, was sie damit an Verpflichtungen und Risiken eingehen. Der Mann ist eines Tages auf und davon, und die Frau sitzt auf dem Kladderadatsch. So kommt es auch, dass bei uns 26 Prozent aller Haushalte überschuldet sind, ein Fiasko für die Familien. Wenn dann umgeschuldet wird, verdienen die Finanzvermittler – und das Elend wird größer.

Manchmal konnte ich helfen bei der Entschuldung, indem ich den Banken klarmachte, dass auf Dauer nichts zu holen ist. Ein kleiner Tipp: Solche Briefe an Banken schreibt man am besten kurz vor Weihnachten. Manchmal konnte ich erleben, dass die gesamte Schuld erlassen wurde, weil ja der Aufwand für die Eintreibung größer war als die Aussicht auf Erfolg. So war und bin ich Anwalt für arme Frauen. Zum Glück gibt es auch sehr kompetente Schuldnerberatungen. Oft verzichten die Banken auf die Hälfte der Schuld, wenn sie die andere Hälfte bekommen.

19. Kirchendemokratie

In Köln wird erzählt: Wenn man einen *Kölschen* sucht, der etwas gegen den *Herrjott hätt,* ist es fast unmöglich, jemanden
zu finden. Denn: *„Der Herrjott is nitt esu!"* Wenn man in Köln
einen sucht, der ernsthaft etwas gegen den Bischof hat, so ist
das sehr schwer. Wenn man aber jemanden sucht, der nicht zu
allem seine eigene Meinung sagen will, dann findet man keinen.
Jeder will sagen, was er denkt! Denn: *„Jeder Jeck is anders!"*

Diese kleine dreiteilige Story beantwortet fast schon die Frage nach der Demokratie in der Kirche, fast schon klassisch
drei-faltig.

Dass Gott der Vater aller ist, der *Herrjott* – klar doch, wer
denn sonst?! Die gemeinsame Würde aller Menschen schenkt
der *Herrjott.*

Dass es Bischöfe, Pfarrer *„un esu"* geben muss, damit die Botschaft Jesu *„irjenswie ankütt"* – klar doch. Der christologische
Gedanke also, dass das Amt in der Kirche dazu da ist, in der
Weltzeit Christus präsent zu machen, ist akzeptabel. Theologisch gesagt: Die Kirche als Leib Christi braucht Leute, die
Christus repräsentieren. Ganz einfach kommt das zum Beispiel
zum Ausdruck, wenn Leute im Spaß sagen: „Beten Sie mal, dass
es beim Karnevalszug nicht regnet, Sie haben doch den besse-
ren Draht nach oben." Das ist natürlich Blödsinn, aber es bildet
ab, was die Leute wollen: Einer soll die Dauerverbindung mit
Gott halten, wenigstens repräsentieren. Wie es ja Christus selbst
auf Erden getan hat. Sozusagen eine Standleitung zum Vater.
Das kam übrigens in dem genialen Film *E.T.* von Steven Spiel-
berg zum Ausdruck in dem Satz: „Nach Hause telefonieren."
Das Wesen vom andern Stern, E.T., brauchte in der Not drin-
gend Kontakt nach oben.

Der dritte Punkt ist der pneumatologische, die Gemeinschaft aus dem und durch den Heiligen Geist. Also: Jeder leistet einen Beitrag, die Gemeinschaft erwächst aus der *Communio*. Jede und jeder kann etwas anderes und trägt es bei. Wenn man so will, wie bei einer Karnevalssitzung mit eigenen Kräften, wie bei einem Pfarrfest, wie in einer Gemeinde oder in einer Großfamilie: verschiedene Fähigkeiten in dem einen Geist. *Communio* heißt Vielfalt in Einheit.

Paulus beschreibt es im Epheserbrief (4,10-11) so: „Christus ist es, der die einen als Apostel gab, andere als Propheten, andere als Evangelisten, andere als Hirten und Lehrer, um die Heiligen [damit meint Paulus alle Gläubigen, F. M.] heranzubilden zur Ausführung eines Dienstes zum Aufbau des Leibes Christi." Also verschiedene Fähigkeiten zu einem Ziel: den Leib Christi, die Kirche, aufzubauen. Fast so wie in der Gemeinde heute: Der eine macht im Kirchenvorstand den ganzen Schriftkram, der Festausschuss schenkt Bier aus beim Karnevalszug, die Jugendlichen schulen neue Leiter*innen, der Liturgiekreis bereitet die Bitttage vor, der Pfarrgemeinderat legt fest, was wir gemeinsam machen mit der evangelischen Gemeinde usw.

„Wenn jeder tut, was er kann, dann kommen alle dran."

Wunderbar beschreibt Paulus die verschiedenen Gnadengaben im 1. Korintherbrief (12, 4-11), da hat jeder etwas zu sagen und zu tun, zum Nutzen der andern und zur Ehre Gottes:

„Es gibt verschiedene Gnadengaben, aber es ist derselbe Geist. Es gibt verschiedene Dienste, aber es ist derselbe Herr. Es gibt verschiedene Kräfte, aber es ist derselbe Gott, der alles in allen wirkt. Jedem aber wird die Offenbarung des Geistes verliehen zum allgemeinen Nutzen. Dem einen wird durch den Geist das Wort der Weisheit gegeben, einem anderen durch denselben Geist das Wort der Erkenntnis, einem anderen in demselben Geist Glaubenskraft, einem anderen die Gabe, Krankheiten zu heilen in ein und demselben Geist, einem anderen machtvoll wirkende Kräfte, einem anderen die Prophetengabe, einem anderen die Fähigkeit zur Unterscheidung der Geister, wieder einem anderen verschiedene Arten der Zungenrede, einem anderen schließlich die Gabe der Auslegung der Zungenreden. Alles das aber wirkt ein und derselbe Geist, indem er einem jeden zuteilt, wie er will."

Die Würde aller Getauften hebt das Zweite Vatikanische Konzil in der Dogmatischen Konstitution über die Kirche hervor (Nr. 10): „Durch die Wiedergeburt und die Salbung mit dem Heiligen Geist werden die Getauften zu einem geistigen Bau und einem heiligen Priestertum geweiht, damit sie in allen Werken eines christlichen Menschen geistige Opfer darbringen und die Machttaten dessen verkünden, der sie aus der Finsternis in sein wunderbares Licht berufen hat."

Also: Teilnahme aller Getauften am Priestertum Christi, um Gottes große Taten zu verkünden. Was will man und frau mehr: Partizipation, Teilnahme also, und *Communio*, also gemeinsame Verantwortung aller.

Das Konzil geht sogar noch weiter (Dogmatische Konstitution über die Kirche, Nr. 12): „Das heilige Gottesvolk nimmt auch teil an dem prophetischen Amt Christi in der Verbreitung seines lebendigen Zeugnisses vor allem durch ein Leben in Glaube und Liebe, in der Darbringung des Lobopfers an Gott als Frucht der Lippen, die seinen Namen bekennen."

Verantwortungsmiteinander

Bei so viel Teilnahme, Mitverantwortung und Demokratie: Warum gibt es überhaupt noch eine Diskussion über Demokratie in der Kirche? Eindeutig hat das Konzil die Kirche auch als Volk Gottes definiert, also alle Getauften und Gefirmten als Subjekte, nicht als Objekte der Kirche verstanden.

Die Diskussion über Demokratie muss es aber geben, weil die Kirche *nicht nur demokratisch* ist. Das ist es. Die Offenbarung Gottes an die Welt in Jesus Christus ist eben nicht das Ergebnis einer demokratischen Abstimmung. Verstehen lässt sie sich allerdings nur in der Gemeinschaft der Glaubenden, also in der Kirche, durch die Kraft des Heiligen Geistes. Pfingsten „hat es ZOOM gemacht".

Im Miteinander der Gläubigen sind ganz klar Mitverantwortung und Einsatz der je verschiedenen Gnadengaben, also Fähigkeiten, angesagt. Natürlich auch oft demokratische Abstimmung als ein Mittel, voranzukommen. Zum Beispiel wird schon Stephanus mit sechs anderen in der Apostelgeschichte von der Gemeinde als Diakon gewählt. Später lässt ihn dann Saulus, der spätere Paulus steinigen, ein schrecklicher Missbrauch seiner Macht.

Oder natürlich Demokratie bei der Dogmenfindung. Der Papst befragte 1950 alle Bistümer der Welt: Glauben die Leute an die Aufnahme Marias in den Himmel? Die Antwort war einstimmig ohne Enthaltung: Ja. Also wurde ein Dogma daraus. Das bisher letzte.

Oder: Papst Leo XIII. lobte die Demokratie schon am Ende des 19. Jahrhunderts als politisches Instrument. Allerdings hatte noch Papst Gregor XVI. 1832 die Republik als Staatsform verdammt. So ist die Kirche immer *auch* ein Kind der Zeit! Darin drückt sie sich mal weise und geschickt aus, mal unerleuchtet.

Bevor ich versuche, einige Abgrenzungen zu machen, wo Demokratie zur Kirche gehört und wo nicht, möchte ich noch einmal die dreifaltige, trinitarische Grundlage zusammenfassen, wie in dem *kölschen Verzäll* zu Beginn.

Gott ist dreifältig – Vater, Sohn und Heiliger Geist. Also ist er sowohl einer als auch mehrere, drei Personen. In Gott ist also Bewegung, Austausch, Dialog, Sendung, Abhängigkeit, Verständnis, Liebe.

Gott ist unser Vater, wir sind seine Kinder. Also haben wir gleiche Würde und Sendung. Wir sind nach seinem Ebenbild geschaffen. Vergessen wir den Vatergott, dann stellen wir uns schnell über andere.

Christus ist der Sohn des Vaters, also unser Bruder. Die Kirche ist somit der Leib Christi. Welche Auszeichnung schon jetzt in dieser Welt! Paulus sagt: „Ihr seid Heilige und Hausgenossen Gottes." Als Leib Christi sind wir *Communio,* Gemeinschaft. Alle haben Anteil. Keiner kann sagen: Ich habe mehr, ich bin allein im Besitz der Wahrheit oder des Geistes.

Der Heilige Geist nimmt uns hinein in das Geheimnis der Dreifaltigkeit. Er weht in der Kirche. Also ist sie Tempel des Heiligen Geistes. Austausch, Begegnung, Aufeinander-Hören: Demokratisch entscheiden ist in der Kirche angesagt. Vergessen wir den Heiligen Geist, so wird die Kirche schnell zur *Hierokratie,* zur Heiligen Herrschaft, zu einem Zerrbild von *Communio.*

Dreifaltigkeitsherrschaft

Nun kann man sagen: Dies alles bedenke ich. Aber: Jeder ist sich selber Papst und Kirche und muss mit seinem Glauben klarkommen. Es genügt, auf die Heilige Schrift zu sehen und das Leben danach auszurichten.

Natürlich ist die Heilige Schrift die *norma normans,* also der entscheidende Faktor. Aber sie muss ausgelegt werden. Das geht nur im Dialog, nur gemeinsam im Gespräch, also in der Kirche.

Und wie ist es mit den Sakramenten? Das Amt in der Kirche, also die Bischöfe, Priester und Diakone, vermitteln die Sakramente, die heiligen Zeichen der Gegenwart Gottes und seines Heiles. Allerdings: Jeder kann Sakramente spenden: Taufen kann jeder Mensch mit der richtigen Einstellung, also nicht nur ein Christ. Das Ehesakrament spenden sich die Ehepartner gegenseitig – es geht im Notfall z.B. auch ganz ohne Priester. Dies zeigt: In der Kirche ist alles *vielfältig*, sogar die Verwaltung der Sakramente.

Im letzten muss es um die Frage gehen: Was dient dem Heil der Menschen am besten? Wie kann der dreifältige Gott gegenwärtig werden? Welche Gnadengaben haben die Gläubigen, die es noch oder noch viel mehr zu entdecken gilt? Wo also kommt der Heilige Geist noch zu kurz?

Und mit diesen Fragen auch: Wo kann nicht darauf verzichtet werden, dass der Priester Christus selbst repräsentiert? Gisbert Greshake umreißt den Part des Priesters so: „Seine Aufgabe ist es, das bleibende VORAUS CHRISTI in seiner Kirche zu bezeugen und in den zentralen kirchlichen Lebensvollzügen zur Geltung zu bringen." Dieses „Voraus Christi" heißt dann aber bestimmt nicht, dass der Priester in der Gemeinde die Gewalt über Schlüssel und Geld hat, sondern eher, dass er in den Sakramenten mit den anderen zusammen Christus sichtbar werden lässt.

Wo wird die Menschenwürde verletzt, wo setzen also Menschen sich selbst über andere, wo wird also im letzten Gott nicht als der Vater aller Menschen akzeptiert? Hier ist die prophetische Kraft aller Gläubigen gefragt. Sei es, wenn es um das Recht auf Leben geht, das Recht auf Arbeit, das Recht auf Brot und Wohnung.

Nun mal ganz praktisch: Im Gemeindeleben kann und muss ganz viel demokratisch sein. Soviel wie nur möglich. Die Grenze ist dort, wo entweder

- die Menschen sich ihre Würde absprechen, denn Gott ist unser Vater!

- oder wo wir nicht mehr Maß nehmen am Leben Jesu, denn Christus ist unser Bruder!

- oder wo wir die Fähigkeiten und Gnadengaben anderer ablehnen, denn die Kirche ist der Tempel des Heiligen Geistes!

Das jeweils zu bestimmen, abzugrenzen, neu zu erfinden ist der Sinn des Gemeindelebens! Also: Konflikte sind normal. Aber wie gehen wir damit um?! Auch Risiko ist normal. Aber wie viel trauen wir einander zu?! Macht verteilen ist normal. Aber wer bekommt welche Aufgaben, welches Geld, welche Schlüssel, welche Verantwortung ...?!

Die Aufgabe der geweihten Priester und Diakone als Mitarbeiter des Bischofs ist hierbei ganz einfach:

- Mitmachen, weil sie auch Getaufte und Gefirmte sind.

- Wo es nötig ist, darauf hinweisen, dass immer Maß zu nehmen ist an Christus. Das heißt ganz einfach, Jesu Leben nicht zu vergessen. Also die Armen auf den ersten Platz setzen, die Sakramente in die Mitte der Gemeinde setzen, dafür sorgen, dass die Vielfalt in der Gemeinde die Mitte hat in Christus. Damit es nicht heißen muss wie bei Paulus im 1. Korintherbrief: „Die einen glauben an Apollos, andere an Paulus, andere an Kephas; ein paar halten auch zu Christus."

Ein kleiner Vergleich kann noch hilfreich sein: Demokratie in der Kirche und im Staat. Der Unterschied liegt an der Wurzel: Der Souverän des Staates ist das Volk. Also heißt es bei Gericht auch: „Im Namen des Volkes". Der Souverän der Kirche ist Christus, er ist die Wahrheit. Als Kirche sind wir zwar der Leib Christi, aber wir können ihn, Christus, nie ersetzen! Er bleibt der Souverän. Die Kirche ist also nicht entstanden durch ein Gesetz der Menschen, sondern weil die Wahrheit

Gottes in die Welt eingebrochen ist durch die Offenbarung in Jesus Christus.

Unfehlbarkeitsgemeinschaft

Zum Schluss möchte ich einige mögliche Missverständnisse und Irrwege ansprechen, was Kirche und Demokratie betrifft:

1. Der Aktionismus. Wenn man sagt: „Wir müssen die Kirche machen." Gemeinschaft ist in Christus da, sie ist geschenkt. Also müssen wir nicht in Hektik ausbrechen, wenn z.b. der Kirchenbesuch zurückgeht. Eher sollten wir uns fragen: Sind wir zu hartherzig, undemokratisch in den praktischen Fragen unseres Gemeindelebens? Wollen wir vielleicht uns selbst verkaufen, anstatt Christus lebendig werden zu lassen?!

2. Der Subjektivismus. Das muss jeder selber wissen, sagen wir oft. Ringen wir in Liebe um die Wahrheit in unseren Gemeinden? Oder erwarten wir ein *Full-Service*-Angebot von den Hauptamtlichen? Also die Kirche als Laden, wo man bedient wird.

3. Der Anthropozentrismus. Das meint, wir sehen alles von uns Menschen her, nicht von Gott her entwerfen wir unser Leben. Glauben ist aber im Kern Ekstase, also Heraustreten auf Gott hin. Wird unser Selbst zum Maßstab der Wahrheit, unsere Gefühle, unser Wohlergehen? Karl Rahner sagt es so: „Lasst uns Gott um seiner selbst willen und nicht um unsretwillen lieben."

4. Der Kongregationalismus. Das heißt: Im Mittelpunkt steht nur die Gemeinschaft. Also alles *nur* Kommunikation. Wenn z.B. eine Gruppenleiterin sagt: Ich kümmere mich sehr gut um meine Gruppe, das ist mein Gottesdienst – so ist das zwar sehr schön, aber zu kurz gedacht. Kardinal Höffner hat es prägnant

gesagt: Mitglied einer Gemeinde wird man durch Umzug, Mitglied der Kirche durch die Taufe.

Ich fasse zusammen: Demokratie gehört konstitutiv zur Kirche. Als politisches Instrument ist sie allerdings nicht die einzige Lebensform der Kirche. Hinter der Demokratie steht die Mitwirkung und Mitverantwortung aller Getauften und Gefirmten.

Was die Dogmen anbetrifft, so kommt die Unfehlbarkeit der Gesamtheit der Gläubigen zu. Das Konzil sagt: „Es braucht die Übereinstimmung von den Bischöfen bis zu den einfachsten Leuten." Allerdings streiten wir heute nur selten darüber, ob Jesus zugleich ganz Gott und ganz Mensch ist. Eher streiten wir über Geld, Schlüssel oder die Reinigung von Räumen.

Also ist im praktischen Gemeindeleben klar: so viel Gespräch, Miteinander, Konfliktbearbeitung, demokratische Abstimmung, Verantwortlichkeit verteilen wie irgend möglich. Priester und Diakone haben hierbei die Aufgabe, immer wieder herauszustellen, dass sich im Blick auf Christus die Probleme lösen lassen.

Bei all dem weht wie ein frischer Durchzug der Heilige Geist. Er schenkt uns die Kraft zu verzeihen, bei Abstimmungen zu verlieren, Neid und Eitelkeit zu überwinden, im Gespräch einander zu entdecken.

Johannes Paul II. bezeichnet die Kirche als „die wahre Jugend der Welt", weil „sie das besitzt, was die Kraft und den Reiz der jungen Menschen ausmacht: die Fähigkeit, sich über jeden Anfang zu freuen, sich frei zu schenken, sich zu erneuern und zu neuen Eroberungen aufzubrechen".

Schlüsselgewaltenteilung

„Wer was macht, hat Macht." Diesen Satz prägte ein junges Mitglied unseres Kirchenvorstandes, um eine Grundstruktur der Gemeindekultur zu beschreiben. Jede und jeder, der Verantwortung übernimmt, bekommt sogleich Schlüssel, Raum (im direkten und im übertragenen Sinn) und Geld. Sowohl die jugendliche Gruppenleiterin wie auch die Leiterin des Altenclubs. Teilnahme bedeutet Teilhabe und umgekehrt. Mitgestaltung heißt Mitbestimmung. Nur so kann deutlich werden, dass eben Räume, Geld, Ressourcen der Gemeinde allen gehören, die sich beteiligen wollen.

Thomas von Aquin sagt: „Indem der Mensch den Dingen ‚die Ordnung auferlegt', übt er gleichsam eine ‚niedere Vorsehung' aus und wird zum ‚Partner Gottes'." Diese theologischen Gedanken sind nicht blutleer; wer Partner Gottes ist, dem darf die Teilhabe an der Gestaltung der Welt und der Kirche grundsätzlich nicht versagt werden. Es kann also für uns Christen nie akzeptabel sein, dass Menschen anderen ausgeliefert sind, dass sie nicht an den Entscheidungen teilhaben, die sie betreffen.

Für Papst Franziskus geht Teilhabe sogar noch weiter, sie bedeutet gar Mitwirkung an der Erlösung: „Indem der Mensch die Mühsal der Arbeit in Einheit mit dem für uns gekreuzigten Herrn erträgt, wirkt er mit dem Gottessohn an der Erlösung der Menschheit auf seine Weise mit" (Enzyklika über die menschliche Arbeit, Nr. 27).

Beteiligungsgerechtigkeit ist zu einem Schlagwort der politischen Diskussion geworden, sie soll die Verteilungsgerechtigkeit ergänzen. Für uns Christen im Alltag des Viertels ist Partizipation ein Schlüsselwort. Sogar im wörtlichen Verständnis: Wenn nicht die die Schlüssel haben, die die Räume nutzen, wollen sie gar nicht hinein! Also hat jede und jeder immer Zugang zu den Räumen, die er braucht. Auch alle Leute im Viertel, ob sie feiern wollen oder einen Kurs des Bürgerzentrums für alleinerziehende Frauen in den Räumen unter der Kirche machen, weil frau dort gute Werkstätten für kreative Dinge vorfindet: Sogleich werden die Schlüssel übergeben. Genauso für die Fahrzeuge, die Kleinbusse und Kleinlastwagen. Die Unfallzahl ist null, denn alle wissen: So schnell kriegen wir kein neues Fahrzeug.

Basisstrukturenprofit

Spannend finde ich, dass neuerdings auch die Wirtschaft entdeckt, wie förderlich es ist, demokratische Strukturen zu entwickeln. Förderlich nicht nur für den wirtschaftlichen Erfolg, sondern auch für die Zufriedenheit der Mitarbeiter*innen.

Als Beispiel wird oft *„Buurtzorg"* genannt. Es gibt das schon in 22 Ländern auf der Welt, auch in China. In Deutschland fängt es jetzt an, entstanden ist es vor elf Jahren in Holland: *Buurtzorg. Buurt* heißt Nachbar, *zorg* ist Sorge, Pflege. Also Nachbarschaftshilfe. Es geht um eine neue Art der Hilfe für alte Menschen zu Hause. Der Niederländer Jos de Blök war Inhaber eines Pflegedienstes und sehr unzufrieden mit der Arbeit im Minutentakt: zwei Minuten Zähneputzen, eine Minute kämmen, Ganzkörperdusche komplett soundso lang. Immer in Hetze, überbürokratisiert, unterbezahlt, ohne eigenen Einfluss der Pfleger*innen und Patient*innen. Was tun? *Change or decay,* sagt der Engländer, ändern oder untergehen. Also hat Jos de Blök 2007 mit einem Team, 20 Patienten und vier Mitarbeiterinnen, begonnen. Inzwischen sind es in Holland 920 Teams mit über zehntausend Mitarbeiter*innen und

84.000 Patienten. Was ist so erfolgreich und heilsam für Gepflegte wie Pflegende?

- Es gibt keine Minutenabrechnung mehr für einzelne Pflegeleistungen, sondern nur einen Zeitrahmen. Was dann im Einzelnen geschieht, bestimmen Patient*innen und Pfleger*innen jeweils vor Ort.

- Die Teams organisieren sich selbst. Sie nehmen neue Kunden an, stellen selbst Personal ein, verwalten selber das Budget.

- Die Teams entscheiden auch, wie sie entscheiden: demokratisch nach Stimmen oder im Einvernehmen, also immer einstimmig. Fast alle Teams wählen die Einstimmigkeit. Die Teams haben jeweils 8 bis 11 Mitglieder.

- Die Teams arbeiten so ähnlich wie früher die Gemeindeschwestern. Sie halten Kontakt zu den Ärzten vor Ort, beziehen die Nachbarn ein, die Freunde und die Angehörigen. Ein Beispiel: Unten im Haus wohnt die Oma, oben die junge Familie. Samstags und sonntags wollen sie ausschlafen, doch um 6 Uhr kommt schon der Pflegedienst und zieht der Oma die Gummistrümpfe an. Alle werden wach im hellhörigen Haus. Was tun? Vorschlag: Zieht ihr – die junge Familie – doch der Oma am Wochenende die Gummistrümpfe an. Wenn ihr in Urlaub seid oder nicht könnt, machen wir – das Pflegeteam – das. Gesagt, getan, alle froh!

Wem das alles zu schön ist, um wahr zu sein – es macht auch wirtschaftlich viel Sinn, die Wertschöpfung steigt enorm durch die Demokratie. *Buurtzorg* war in vier Jahren jeweils Arbeitgeber des Jahres in Holland. Der Krankenstand bei den Mitarbeiter*innen ist vier Prozent, die Patienten sind glücklich, die Pflegerinnen und Pfleger froh, dass sie nun so arbeiten können, wie sie es immer wollten: die Menschen im Mittelpunkt! Gut, dass es nach China nun auch bei uns in Deutschland beginnt, nämlich in Emsdetten bei Osnabrück.

In der Sprache der Wirtschaft heißt das Modell von *Buurtzorg*: Jede Abteilung ist ihr eigenes *profit center*. So ähnlich liegen bei uns in der Gemeinde die Verantwortung und die Gestaltung aller Aktionen ganz bei den einzelnen Gruppen. Ob Lebensmittelausgabe, Kleiderladen, Kinderkammer, Fahrradwerkstatt, Schreinerei..., keine Gruppe macht es so, wie ich es machen würde. Das ist unser Glück. Das einzige, was ich als Pastor mache, ist ab und zu ein wenig für Frieden zu sorgen, wenn die einen meinen, sie sollten den andern reinreden. Das mache ich dann jeweils unter vier Augen. Etwa indem ich sage: „Hat sich denn schon einmal jemand in dein Gewerk eingemischt? Wie würdest du dich denn fühlen, wenn einer meint, er könne dein Ding besser als du?" Das klappt dann eigentlich immer.

Noch etwas ähnelt in unserem Ansatz im Sozialraum dem Konzept von *Buurtzorg*. Es geht nicht ohne die Einbeziehung vieler. Zum einen sind die Betroffenen meistens die besten Experten. Also wissen die Angehörigen von Pflegebedürftigen am ehesten, was hilfreich ist. Oder bei uns im Stadtteil weiß die alleinerziehende Mutter gut, was ihr helfen würde. Sei es die finanzielle Spritze am Monatsende, sei es eine kleine Auszeit durch ein Wellness-Wochenende mit Kinderbetreuung, sei es unsere Kinderstadt, die ihr die Last nimmt, ein Ferienprogramm für ihre Kinder zu entwerfen.

Den Gedanken kooperativer und zugleich demokratischer Gestaltung der Arbeitswelt trägt eine der jüngsten Professorinnen Deutschlands vor, Lisa Herzog an der TU München. In Zeiten der Digitalisierung seien nicht nur flache Hierarchien angesagt, sondern vielleicht sogar die demokratische Wahl der vorgesetzten Manager. Es sieht so aus, als ob die neue Arbeitswelt mit einer Führung *top-down* wie früher nicht mehr ausreichend erfolgreich funktioniert. Viele junge Leute suchen

Arbeitsplätze, die Sinn machen, nicht nur Geld. Und auch eine vernünftige *work-life-balance* ermöglichen. Demokratische Strukturen sind angesagt.

Fußwäscherhierarchie

Die Entwicklung *synodaler,* also gemeinsamer Verantwortung liegt Papst Franziskus am Herzen. Er hat begriffen, dass die Aufgabe der Vermittlung des Glaubens nicht rein hierarchisch zu bewältigen ist. Sehr scharf hat er den Klerikalismus gegeißelt, also die Ansage, dass der Klerus bestimmt und das Kirchenvolk einfach zu gehorchen habe. Der Papst schreibt der Bischofssynode ins Stammbuch: „Die Welt, in der wir leben und die in all ihrer Widersprüchlichkeit zu lieben und ihr zu dienen wir berufen sind, verlangt von der Kirche eine Steigerung ihres Zusammenwirkens in allen Bereichen ihrer Sendung. Genau dieser Weg der Synodalität ist das, was Gott sich von der Kirche des dritten Jahrtausends erwartet."

Es geht dem Papst also darum, die Verantwortung zu verteilen, auf viele Schultern zu legen. Nur so kann der notwendige Beitrag der Hierarchie, also der Ämter in der Kirche, fruchtbar werden. Ihre Aufgabe ist es ja im Kern, den Bezug zu Christus sicherzustellen, im Bezug auf die Heilige Schrift und die Tradition der Kirche. Dies ist kein glorreicher Dienst, sondern ein demütiger; er nimmt Maß an der Situation der Armen in der Welt, die die Lieblinge Jesu waren. Der Papst formuliert es für die Bischofssynode: „Die Synodalität als konstitutive Dimension der Kirche bietet uns den geeignetsten Interpretationsrahmen für das Verständnis des hierarchischen Dienstes selbst. Wenn wir begreifen, dass ‚Kirche und Synode Synonyme sind', wie der heilige Johannes Chrysostomos sagt – denn die

Kirche ist nichts anderes als das ‚gemeinsame Vorangehen‘ der Herde Gottes auf den Pfaden der Geschichte zur Begegnung mit Christus, dem Herrn –, dann begreifen wir auch, dass in ihrem Innern niemand über die anderen ‚erhöht‘ werden kann. Im Gegenteil, in der Kirche ist es notwendig, dass jemand sich ‚erniedrigt‘, um sich unterwegs in den Dienst der Brüder und Schwestern zu stellen.“

Worauf kommt es an? Wohl darauf, dass es nicht nur eine Behauptung ist, wenn ein Bischof sagt: „Mein Amt ist ein Dienst.“ Wie kann er vermitteln, dass es ihm ernst ist? Aus meiner Sicht vor allem durch Machtverzicht. Heutzutage gewinnt der oder die Autorität, wer Macht verteilt. Nicht nur im Sinne von Zuständigkeit, sondern mit eigenem Budget und der Zusicherung, auch Fehler machen zu dürfen, denn aus den Fehlern wird man ja klug. Schon auf der kleinen Ebene der Pfarrei geht es kaum noch, dass der Pastor sagt: „Ich bin hier der Chef, also wird gemacht, was ich sage!“ Dann macht einfach keiner mehr mit.

In mancher Hinsicht kann die Kirche vom demokratisch verfassten Staat lernen. In unserem Staat gibt es die Gewaltenteilung, Legislative, Exekutive und Jurisdiktion sind getrennt. Dies garantiert eine gegenseitige Kontrolle der Gewalten. Im Bischof vereinen sich die drei. Dies passt nicht mehr in die Zeit. Vor allem überfordert es die Amtsträger. So ist es nur zu begrüßen, dass die Bischofskonferenz in Deutschland sich mit der Frage einer kirchlichen Verwaltungsgerichtsbarkeit beschäftigt. Die Menschen wünschen sich eine Kontrollinstanz für die rechtliche Überprüfung von Entscheidungen. Auch stellt sich die Frage, ob nicht den Gewerkschaften ein weiterer Zugang zu kirchlichen Arbeitsverhältnissen gestattet werden sollte, ganz einfach nach dem Motto: Wir haben nichts zu verbergen und sind sogar froh über Kontrolle von außen! Für die Glaubwürdigkeit der Kirche wäre das von großem Vorteil! Als Gewerkschaftsmitglied wäre das für mich ein sinnvoller Schritt, um das Vertrauen der Mitarbeiterinnen und Mitarbeiter zu gewinnen oder zu erhalten.

In der Bibel gibt es eine zentrale Aussage Jesu zum Machtverzicht. Zwei Jünger, Jakobus und Johannes, kommen zu ihm. Sie sagen: „Lass in deinem Reich einen von uns rechts und den andern links neben dir sitzen." Sie wollen also die besten Plätze und die größte Macht. Jesus ist sauer. Er ruft alle zwölf Jünger zu sich und sagt: „Ihr wisst, dass die, die als Herrscher gelten, ihre Völker unterjochen und dass ihre Großen sich Gewalt über sie aneignen. Bei euch aber soll es nicht so sein, sondern wer unter euch der Größte sein will, soll euer Diener sein, und wer unter euch der Erste sein will, soll der Diener aller sein. Denn auch der Menschensohn ist nicht gekommen, sich bedienen zu lassen, sondern zu dienen und sein Leben hinzugeben als Lösegeld für viele." (Mk 10, 42-45).

Jesus sieht sich selbst also als Vorbild für die Jünger. Wie bei der Fußwaschung am Gründonnerstag, die er vollzieht, damit die Jünger es nachmachen. Papst Franziskus hat als erster Papst am Gründonnerstag nicht mehr nur Würdenträgern der Kirche, auch nicht mehr nur Männern die Füße gewaschen, sondern auch Frauen, und er ging für die Fußwaschung raus aus der Basilika zu Menschen am Rand, ins Gefängnis, in ein Heim für behinderte Kinder, zu Flüchtlingen.

Rücksichtsmehrheit

Das Apostelkonzil ist die erste synodale Versammlung der Kirche, einige Zeit nach Auferstehung und Himmelfahrt Jesu. Es geht um die Frage, ob nur der Christ sein darf, der auch zuvor nach dem Gesetz des Moses beschnitten wird. Also sozusagen: Soll man erst Jude werden, um dann Christ sein zu können? Das Konzil zeigt eine gute Konfliktkultur. Und der Heilige Geist spielt mit. Dem Petrus erscheint im Traum ein Korb mit – nach jüdischem Verständnis – reinen wie unreinen Tieren, alle zusammen. So erkennt er: Alle sind „im Korb" willkommen.

Vorbildlich ist die Rücksichtnahme beim Apostelkonzil auf die Gefühle der scheinbar unterlegenen Partei. Obwohl es der Sache nach nicht erforderlich wäre, beschließen die Apostel, dass auf vier Dinge verzichtet werden soll: Götzenopferfleisch, Ersticktes, Blut und Unzucht. Bei den ersten drei geht es um Speisen. Götzenopferfleisch war wie früher bei uns Fleisch aus der Freibank besonders billig. Demokratie bedeutet also nicht nur Mehrheitsentscheidung, sondern auch ein Gefühl für das, was zeichenhafte Rücksichtnahme ausmacht. Es geht eben nicht um Gewinnen oder Verlieren, sondern um missionarische Verantwortung. Für heute kann das bedeuten, bei der Entwicklung der Weltkirche Rücksicht zu nehmen auf die jeweiligen kulturellen Kontexte.

Wäre beim Apostelkonzil nicht die Entscheidung gefallen, dass alle Menschen ohne Vorbedingung willkommen sind, wäre wahrscheinlich die Kirche eine kleine Sekte geblieben. Dass Vielfalt die Einheit stärkt, gehört seitdem zur DNA der Kirche. Ein alter Grundsatz des kirchlichen Lebens lautet: *In ceteris libertas, in necessariis unitas, in totibus caritas,* heißt: Im Nebensächlichen Freiheit, im Wichtigen Einheit, in Allem Liebe.

An der Basis ist die katholische Kirche in Deutschland viel demokratischer, als viele denken. Denn die Menschen lassen sich zum Glück ihr Leben nicht mehr vorschreiben. Gerne nehmen sie Maß an der Lehre der Kirche, möchten jedoch entscheiden, was für sie passt. Das gilt für die persönliche Lebensgestaltung wie für das Gemeindeleben. Wo lebendige Pfarreien sind, bestimmen Pfarrgemeinderat, Kirchenvorstand und viele Gruppen, was geschieht. Natürlich suchen sie auch den Rat des Pfarrers und der Hauptamtlichen. Entscheidungen fallen dann demokratisch, oft auch im Konsens.

Offen ist die Frage, ob – wie in der evangelischen Kirche – die demokratischen Gremien auch entscheiden sollen, wer als Pfarrerin oder bezahlte Mitarbeiterin angestellt werden soll. Dafür spricht manches, einiges aber auch dagegen. Ich persönlich bin froh, dass mich der Bischof in die Gemeinde gesandt hat. So fühle ich mich frei und im Kern dem Herrgott verpflichtet. Wäre ich in einer evangelischen Gemeinde vom Presbyterium als Pfarrer gewählt worden? Vielleicht nicht, wenn ich bei der Vorstellung dargelegt hätte, dass mir die Option für die Armen eine Herzensangelegenheit ist. Auch in meiner jetzigen Pfarrei meinten zu Beginn einige einflussreiche Gremienmitglieder, ich solle mich doch um die Kirchgänger kümmern und damit basta.

Ein Mix aus Sendung und Demokratie hat etwas für sich. In der Politik nennt man das *checks and balances*. Es ist Christus, der uns Christen aussendet, mit verschiedenen Berufungen. Es sind die Gremien der Pfarreien, die entscheiden, was dann praktisch zu tun ist. So war es ja schon beim Apostelkonzil.

20. Vor Gott

Nicht selten hört man in Kirchenkreisen: „Wir haben keine Kirchenkrise, sondern eine Gotteskrise." Die Menschen glaubten immer weniger, dass es Gott gäbe. Also nähmen sie nicht mehr an Gottesdiensten teil und wüssten nicht mehr, dass nicht der Osterhase dem Fest den Namen gegeben habe.

Die vermeintliche Gotteskrise kann man noch steigern mit der durchaus durch die Meinungsforschung gestützten Aussage, mehr Menschen glaubten, dass es Engel gäbe, als dass Christus der Sohn Gottes sei. Dies sehe ich allerdings positiv. So sehr es auch zu bedauern ist, dass sich der Glaube an einen Dreifältigen Gott zu verdunsten scheint, so gut ist es, dass offensichtlich viele sich einen Schutzengel wünschen. Man denke nur an die Werbung einer Versicherung.

Bei Taufgesprächen biete ich den Eltern an, sich ein Kreuz auszusuchen für das Zimmer ihres Kindes. Am besten gehen die Kreuze weg, auf denen Engel abgebildet sind. Ich finde sie alle kitschig, aber es geht ja nicht um das Kreuz in meiner Wohnung. Gerne nehmen die Eltern auch Kindergebetbücher und Gebetswürfel mit. Wir verschenken die „Andachtsmittel", wie sie früher bezeichnet wurden, weil es sie in unserem Stadtbezirk mit mehr als 100.000 Einwohnern nirgends zu kaufen gibt. Das gilt auch für Taufkerzen, also schenken wir allen Taufeltern eine. Hilfreich ist für manche Familien das Internet, in dem sie sich eine Kerze bestellen. Es gibt sogar welche mit einem Foto des Taufkindes darauf.

Dankbar

Den Eltern erkläre ich, warum ich Beten für gut und heilsam halte. Wenn sie mit ihrem Kind beten, öffnet sich ein Raum der Andacht für alle Beteiligten. Kinder wie Eltern stehen dann gemeinsam vor Gott in einer entspannten Atmosphäre. Zusammen sind sie dankbar. Die meisten Eltern vermitteln ihren Kindern, dass es wichtig sei, „Danke" zu sagen, wenn sie etwas geschenkt bekommen. Jedes Kind versteht also, dass das gemeinsame Gebet der Dank an Gott ist: für das Leben, die schöne Welt, die Geborgenheit in der Familie.

Die dankbare Gemeinschaftserfahrung im Gebet zeigt sich in unserer Kinderstadt HöVi-Land in den Sommerferien. Frühmorgens sind die über 100 jugendlichen Leiterinnen und Leiter zum Frühstück eingeladen. Vorher betet unser Pastoralreferent mit ihnen, dann startet das Büfett. Vor dem Mittagessen der 600 Kinder betet jeweils ein Kind über die Lautsprecheranlage ein Gebet, das es selber ausgesucht hat oder ausgewürfelt mit dem Gebetswürfel. Die erwachsenen Helfer*innen essen nicht bei den Kindergruppen, sondern im Café-Zelt. Hier spricht der evangelische Pfarrer vor der Mahlzeit ein Gebet.

Es gibt ein Kapellenzelt, „HöVi-Dom" genannt. Neben Kreuz, Kerze, Blumen sind hier die Bilder des Eröffnungsgottesdienstes aufgehängt. Einzelne Gruppen haben auch kleine Fähnchen gebastelt und mit Gedanken beschriftet. An einer Kette ist ein Buch befestigt, in das die Kinder und Jugendlichen Worte des Dankes schreiben: für das gute Essen, den schönen Ausflug, das Engagement der Leiterinnen und Leiter … Ab und zu werden bei der Bühnenshow zum Abschluss des Tages einzelne Seiten daraus vorgelesen.

Dankbarkeit ist angesagt. So öffnet sich der Korridor zum Gebet und damit zu Gott. Bei Schulmessen mit den Grundschulen stelle ich ab und zu die Frage: „Wer hat für uns heute schon etwas Gutes gemacht?" Die Phantasie der Kinder hat fast keine Grenze: die Mutter, die mich geweckt hat; der Bäcker, der das Brot buk; der Busfahrer, der mich herfuhr; sogar die Mitarbeiter im Klärwerk, ohne die es keine Toilette gäbe; die Lehrerin, der Hausmeister, die Polizistin ... Dreißig Menschen bekommen die Kinder schnell zusammen. Dann passt das Lied von Hermann van Veen: „Alles, was Du hast, hast Du von einem andern. Alles, was Du bist, bist Du durch einen andern. Alles, was Du kannst, kannst Du durch einen andern. Nur Deine Gänsehaut ist von Dir selbst." Dann verstehen die Kinder auch schnell, dass sie auch nur denken und sprechen können, weil es ihnen Eltern und Geschwister vermittelt haben. Dankbarkeit pur.

Aus Dankbarkeit wächst Verantwortung. „Was kannst Du denn beitragen als Kind, damit die Gemeinschaft funktioniert?" Den Kindern fallen praktische Dinge ein: der Hausmeisterin beim Müllsammeln helfen; Kindern, die krank waren, die Rechenaufgaben erklären; sich zum Streitschlichter ausbilden lassen; andere abschreiben lassen (gefällt den Lehrer*innen nicht immer); den Köchinnen in der Schulmensa für das gute Essen danken ...

Das Wort Jesu, „Wo zwei oder drei in meinem Namen versammelt sind, bin ich mitten unter ihnen", muss dann nicht mehr lange erklärt werden. Für uns Erwachsene wird klar, was Jesus meint, wenn er sagt: „Wenn ihr nicht werdet wie die Kinder, kommt ihr nicht in das Reich Gottes." Wir werden nicht kindisch, sondern dankbar.

Denkbar

Nun mag man zu Recht einwenden, ob denn Dankbarkeit ausreicht, um zu Gott zu finden. Reicht das für vernünftige Menschen an intellektueller Anstrengung? Sicher nicht. So möchte ich darlegen, wie mir bei der Frage nach Gott drei Denker geholfen haben. Johann Baptist Metz, Jürgen Habermas und zuletzt Holm Tetens.

Der Berliner Philosoph Holm Tetens war die längste Zeit seines Lebens Atheist. 2015 veröffentlichte er das Buch „Gott denken. Ein Versuch über rationale Theologie". Er denkt über die Vernünftigkeit des Gottesbegriffes nach. Ein rein naturalistisches Denken erscheint ihm defizitär. Es gewinnt keinen Zugang zum ungetrösteten Leid vieler Menschen. Wie Jürgen Habermas in seiner Aufsatzsammlung „Zwischen Naturalismus und Religion" geht es Tetens um Gerechtigkeit und Trost.

Habermas schreibt im Buch von 2005: „Hierbei kann die Philosophie, in der Rolle eines Übersetzers, moralische, rechtliche und politische Eintracht nur fördern, wenn sie in der legitimen Vielfalt der Lebensentwürfe von Gläubigen, Andersgläubigen und Ungläubigen aufklärend, aber nicht als der besserwissende Konkurrent auftritt" .

Genau dies, Aufklärung, versucht Tetens. Für die zentrale Fragestellung der Theodizee findet er natürlich auch keine völlig zufriedenstellende Antwort. Im Interview mit der *Herder-Korrespondenz* im Januar 2017 sagt er: „Ich glaube, dass sich gerade in dem unverschämten Optimismus der Erlösungshoffnung die Stärke des Gottesgedankens erweist". Dies erinnert mich an den Text „Unsere Hoffnung", der den Beschlüssen der Würzburger Synode (1971–1975) vorangestellt ist, maßgeblich formuliert von dem Theologen Johann Baptist Metz: „Die Hoffnung auf die Auferstehung der Toten macht uns frei zu einem Leben gegen die reine Selbstbehauptung, deren Wahrheit der Tod ist."

Was dies praktisch bedeuten kann, bringt Jürgen Habermas in der Schrift „Ein Bewußtsein von dem, was fehlt" auf den Punkt. Habermas konstatiert eine Tendenz zur Entsolidarisierung und eine motivationale Schwäche der Vernunft. Er schreibt: „Der Kognitivismus richtet sich an die Einsicht von Individuen und erzeugt keine Antriebe für ein solidarisches, d.h. ein moralisch angeleitetes kollektives Handeln." Eine Ergänzung der Vernunft erhofft sich Habermas von gläubigen Menschen:

„Die säkulare Moral ist nicht von Haus aus in gemeinsame Praktiken eingebettet. Demgegenüber bleibt das religiöse Bewußtsein wesentlich mit der fortdauernden Praxis in einer Gemeinde verbunden, und im Falle der Weltreligionen mit der im Ritus vereinigten globalen Gemeinde aller Glaubensgenossen. Aus diesem universalistisch angelegten Kommunitarismus kann das religiöse Bewußtsein des einzelnen auch in rein moralischer Hinsicht stärkere Antriebe zu solidarischem Handeln beziehen. Ob das heute noch der Fall ist, lasse ich dahingestellt."

Jürgen Habermas hat in Übereinstimmung mit dem damaligen Kardinal Joseph Ratzinger im Münchener Gespräch die Vernünftigkeit religiöser Äußerungen anerkannt. Die Nützlichkeit erweist sich in den Gemeinden.

Nützlich

Viele junge Erwachsene stellen die Frage: „Was nutzt mir der Glaube?" Dies darf man nicht als oberflächlich abtun, denn es ist die Frage nach der Relevanz für ein modernes Leben. Die Antwort ist oft rein spiritueller Natur: Der Glaube öffnet den

Zugang zur Tiefendimension des Lebens. Als Behauptung nutzt das wirklich nicht viel.

Der Weg geht vom Wissen zur Erfahrung, vom Gehorsam zum Vertrauen, vom Satz zum Verstehen. Junge Erwachsene suchen Beratung, nicht Belehrung. Bei allem ist Geduld entscheidend. Geduld heißt auf Griechisch: *Makrothymia,* langer Atem.

Holm Tetens sagt im Interview der *Herder-Korrespondenz:* „Tatsächlich hat sich die Religion in der aufgeklärten, säkularen Gesellschaft nicht erledigt. Doch bei allem Freudestrahlen darüber, dass die sogenannte Säkularisierungsthese falsch ist, sollte man sich nicht darüber hinwegtäuschen, dass es eine tiefe Plausibilitätskrise des Christentums gibt, und zwar insbesondere in den intellektuellen Eliten. Wenn es den Kirchen nicht gelingt, einen Teil der Intellektuellen für die Sache des Glaubens zurückzugewinnen, dann werden die Kirchen einen sehr schweren und zunehmend schwereren Stand in der Gesellschaft haben" (S. 21).

Ehrbar

Aus meiner Sicht ist es eine Frage der Ehre. Und damit eine Frage des gegenseitigen Respektes.

Gott respektiert uns Menschen als seine Ebenbilder. Wunderbar hat das kürzlich der Direktor der Vatikanischen Sternwarte auf die Frage, ob es außerirdisches Leben gäbe, formuliert (in *kathpress,* zitiert nach *Christ in der Gegenwart* 29/2019,):

„Wenn ein Wesen sich seiner selbst und seiner Umwelt bewusst wäre; wenn es frei zwischen Liebe und Hass entscheiden könnte; wenn es fähig wäre, nach der Existenz Gottes zu fragen und nach ihm zu suchen; wenn es die Freiheit hätte, sich Gott zuzuwenden oder nicht – dann wäre das Wesen laut Definition ein Ebenbild Gottes. Und es käme nicht darauf an, wie viele Tentakel es hätte. Solche Lebewesen wären für uns keine Aliens, sondern Geschwister."

Mir gefallen diese Sätze so gut, weil ich sie nicht auf Wesen von anderen Sternen anwende, sondern auf uns Menschen und den Umgang miteinander. Vernunft und Freiheit sind hier entscheidend. Vernunft als Selbstbewusstsein und Fähigkeit zu fragen. Freiheit zu Liebe oder Hass, und die Freiheit, Gott abzulehnen oder anzuerkennen. Eine Religion, die in solcher Weise auf Freiheit und Vernunft setzt, ist auch intellektuell interessant. Papst Benedikt hat nicht nur im Münchener Gespräch mit Jürgen Habermas die Vernunft und die Freiheit als Bedingung für den Glauben erklärt, sondern damals wie später betont, dass der Glaube ein Geschenk sei. Man kann ihn nicht kaufen und nicht machen. Hier hat auch die Kapitalismuskritik von Papst Franziskus ihren Ort. Sie ist nicht moralischer Natur, sondern fordert den Respekt vor der Würde jedes einzelnen Menschen. Sein bereits zitiertes Wort, es sei ein Skandal, dass der Fall der Aktienkurse auf die erste Seite der Nachrichten kommt, wenn aber ein Obdachloser erfriert, dies keiner Erwähnung würdig sei, zeigt dies.

Was ist wert-voll? Wem geben wir die Ehre? Diese zentrale Frage gilt es im Dialog mit Menschen guten Willens zu erörtern. Entscheidend ist hier der Respekt vor der Meinung des anderen. Hermeneutisch bedeutet dies mit dem Philosophen Hans-Georg Gadamer: Ein Dialog lohnt sich nur, wenn beide Seiten davon ausgehen, dass vielleicht die oder der andere Recht haben könnte. Wie der Glaube ein Geschenk ist, so ist auch die Sicht der anderen ein Geschenk, das für alle Beteiligten den Horizont erweitert.

Als ich einer der Studenten im Konvikt in Bonn war, bot sein Leiter uns in Ergänzung zum Studium an der Universität ein Kolloquium zur Hermeneutik Gadamers an. Er wollte uns das Denken beibringen als Voraussetzung für den Glauben. Wahrscheinlich habe ich damals nur Teile verstanden, konnte mich aber später an die Atmosphäre von Freiheit und Vernunft erinnern. Sie prägt genauso wie das notwendige Glaubenswissen. So habe ich verstanden, dass im Gespräch mit Agnostikern nicht zuerst das Bekenntnis zählt, sondern der offene Dialog. Das ist für mich missionarisch, nämlich voneinander zu lernen. Denn Gott nähere ich mich ja mehr durch die Fragen, die ich ihm stelle, als durch die Antworten, die ich erhalte.

Für nicht wenige Eltern ist es bedrückend, dass der Glaube ein Geschenk ist. Gerne möchten sie ihren Kindern ihren Glauben an Gott vermitteln, aber oft klappt es nicht. Schon gar nicht funktioniert es, wenn die Eltern es mit Druck versuchen nach dem Motto: „Solange du die Füße unter meinen Tisch setzt, gehst du sonntags in die Kirche." Ich erinnere mich an einen Vater, der die Kinder zwang, vor dem Essen jeweils ein Gebet zu sprechen, es selber aber nie tat. Voll daneben.

Eine Frage der Ehre nimmt Papst Franziskus in den Blick, wenn er in seiner Umwelt-Enzyklika *Laudato si'* die Situation der Armen mit dem Zustand unseres Planeten in Beziehung setzt. Auf den ersten Blick eine ungewohnte Verbindung. Merkt man jedoch, dass es hier um die Ehre der Schöpfung wie der Geschöpfe geht, wird klar, wie genial diese Verbindung ist. Als Ebenbilder Gottes ist es unsere Aufgabe, die Welt zu bewirtschaften. Nicht um möglichst viel Profit zu erreichen, also herauszuholen, was geht. Sondern um die Schöpfung zu bewahren und allen Geschöpfen, den gegenwärtigen und den zukünftigen, ein gedeihliches Leben zu ermöglichen. Die Hitzewelle und das

Baumsterben sind dann hermeneutisch betrachtet die Chance, neu zu denken. Als freie Wesen können wir das aber auch unterlassen und die Konsequenzen den nachfolgenden Generationen aufladen. Wer an die Auferstehung der Toten glaubt, hat auch rein vernünftig keine andere Wahl, als dem Papst in diesem Gedanken zu folgen.

Die Heilige Elisabeth ist neben dem Heiligen Theodor unsere zweite Pfarrpatronin. Vor 800 Jahren hat sie gesagt: „In den Armen finde ich Gott." Die Not der Natur hatte sie noch nicht im Blick, wohl aber die Not der Geschöpfe. Also gab sie den Armen die Ehre. Auch der Heilige Franziskus, Namenspatron unseres Papstes, sah die Not der armen Menschen, weitete die Sicht aber genial auf Tiere und Pflanzen aus. Er war seiner Zeit um Jahrhunderte voraus. Nach seinem berühmten Sonnengesang benannte Papst Franziskus seine Enzyklika: *Laudato si'*.

„*Laudato si'*" ist das Lieblingslied unserer Kinder. Wahrscheinlich, weil die Melodie einen schmissigen Rhythmus hat und alle zwischendurch beim Refrain in die Hände klatschen. Wenn gefragt wird: „Was sollen wir singen?", kommt an erster Stelle immer dieses Lied. Die Schönheit der Schöpfung und der Geschöpfe ist dann der hermeneutische Beifang – um einmal den Fischen die Ehre zu geben.

Wagbar

Die Kirchen stehen im Ranking der Organisationen, die Vertrauen verdienen, auf verschiedenen Plätzen. Die evangelische Kirche immerhin noch auf Platz 42, die katholische auf Platz 102. Ganz oben rangieren die Feuerwehr, das Rote Kreuz und das Bundesverfassungsgericht. Oben ist auch die Caritas, ebenso die Diakonie. Warum? Ich denke, weil sie den Armen die

Ehre geben. Weil sie das tun, was alle Menschen guten Willens für notwendig erachten. Weil Caritas und Diakonie das tun, was die Menschen im Kern von den Kirchen erwarten, nämlich Respekt zu generieren vor allen Menschen. Ob reich oder arm, dick oder dünn, schlau oder einfältig. Im Galaterbrief der Bibel heißt es in den Versen 28 und 29: „Da gibt es nicht mehr Juden und Griechen, Sklaven und Freie, da gibt es nicht Mann und Frau. Denn ihr alle seid einer in Christus Jesus. Wenn ihr aber Christus angehört, dann seid ihr Abrahams Nachkommen, Erben kraft der Verheißung." Wer Erbe ist, ist Anteilseigner. In der Krise der Kirche sagen viele, es gehe darum, Christus berührbar zu machen. Mir gefällt besser die Formulierung im Galaterbrief: Erbe sein. Berühren klingt für viele Menschen heute leider übergriffig. Wer Erbe ist, hat ein Recht auf Teilhabe und Teilnahme.

Die Frage der Ehre stellt sich bei jeder kirchlichen Hochzeit. Wenn die Eheleute sich gegenseitig das Sakrament spenden, versprechen sie Zusammenhalt in guten und in schlechten Tagen, in Gesundheit und in Krankheit. Dann sagen sie: „Ich will dich lieben, achten und ehren, solange ich lebe."

Lieben finde ich nicht so schwer, zur Unterstützung hat der Herrgott auch die Hormone geschaffen. Wen achte ich? Wahrscheinlich die Eltern und Großeltern, wohl auch die Lehrerinnen und Lehrer, die streng und gerecht zugleich waren. Vielleicht auch einzelne große Persönlichkeiten. Aber wen ehre ich? Wenn ich diese Frage bei Hochzeiten stelle, kommt nicht schnell eine Antwort. Ich erkläre dann meine Sicht. Die Frage der Ehre stellt sich, wenn die oder der andere schwach ist, krank wird, vielleicht auch seelisch krank. Wenn sie oder er arbeitslos wird. Spätestens wenn eine Demenz droht. Dann stellt sich die Frage der Ehre.

Dem Ehepaar und der Hochzeitsgesellschaft stelle ich manchmal die Frage, welche Gebote nur wir Christen haben. Also keine andere Religion. In der Morallehre wird dies als „sittliches *Prae*" bezeichnet. Es ist zum einen das Gebot der Feindesliebe, die Jesus fordert. Zum andern die Unauflöslichkeit der Ehe. Beides geht aus rein menschlicher Kraft nicht. Wenn der Partnerin oder dem Partner einer an den Kragen will, ist nicht Feindesliebe das normale Verhalten. Aus eigener Kraft kann wohl niemand versprechen, zur anderen oder zum andern zu halten, wenn er im Rollstuhl sitzt oder in der Psychose versinkt. Hier kommt Gott ins Spiel. Als Kraftquelle, als Dritter im Bunde. „Eine dreifache Schnur reißt nicht", heißt es im Buch Kohelet der Bibel. Wie lässt sich das vermitteln? Nur durch Vergleiche. Wenn, wie kürzlich, der Bräutigam Automechaniker ist, bietet sich der Turbo im Auto an. Normalerweise braucht man ihn nicht, bei Gefahr im Verzug kann er aber die Rettung sein. Ist die Braut Bankerin, mag der Hinweis auf eine Kapitalreserve hilfreich sein. Wichtig finde ich zu betonen, dass es beim Ehesakrament um etwas Existenzielles geht, nicht zuerst um Moral. Im Kern greife ich auf das zurück, was fast alle Brautleute im Gespräch vor der Hochzeit sagen, dass sie nämlich den Segen Gottes wünschen. Sie spüren also, wie prekär das Vertrauen auf die eigenen Kräfte ist.

Unstillbar

Ein Blick zurück auf die Gedanken von Holm Tetens und Johann Baptist Metz mag verdichten, was der Segen Gottes bewegt. Tetens wie Metz geht es darum, die bedrückende Geschichte des Leids in der Welt intellektuell redlich zusammenzudenken mit der Botschaft von der Auferstehung der Toten nach der Auferstehung Jesu.

Im maßgeblich von Metz verfassten Text „Unsere Hoffnung"
heißt es: „Die Gottesbotschaft unserer Hoffnung widersteht
einer totalen Anpassung der Sehnsucht des Menschen an seine Bedürfniswelt. Dadurch wird der Name Gottes nicht zum
Deckwort für eine gefährliche Beschwichtigung oder vor-
schnelle Aussöhnung mit unserer leidvoll zerrissenen Wirklichkeit. Denn gerade diese Hoffnung auf Gott ist es ja, die uns
an sinnlosem Leiden immer wieder leiden macht. Sie ist es, die
uns verbietet, mit der Sinnlosigkeit dieses Leidens zu paktie-
ren. Sie ist es, die in uns immer neu den Hunger nach Sinn, das
Dürsten nach Gerechtigkeit für alle, für die Lebenden und die
Toten, die Kommenden und Gewesenen weckt und die es uns
verwehrt, uns ausschließlich innerhalb der verkleinerten Maß-
stäbe unserer Bedürfniswelt einzurichten."

Wenn es nicht genau umgekehrt wäre, müsste man sagen,
dass dieser Text in Ton und Sprache den Geist unseres Papstes
Franziskus atmet. Die Option für die Armen macht nicht Halt
an der Grenze des irdischen Lebens, denn die Würde der Opfer
schreit nach Erlösung.

Im Deutschen hat das Wort „Opfer" eine doppelte Bedeutung. Es meint, was das englische *„victim"* bedeutet, Opfer
von Gewalt sein. Ebenso drückt „Opfer" aus, was auf Englisch *„sacrifice"* heißt: etwas weggeben. Der Opferkasten in
der Kirche hat diese Bedeutung. Auch das Kreuzesopfer Jesu,
der sein Leben gibt für das Heil der Menschen. Beide Bedeu-
tungen von Opfer verbindet René Girard in dem Gedanken,
dass nach dem Opfer Jesu am Kreuz wir Menschen nicht
mehr andere Menschen zum Opfer von Gewalt machen müssen. Wenn Gott der Vater seinen Sohn am Kreuz sterben lässt,
ist es endlich genug. *Sacrifice* sticht *victim*. Unnachahmlich
bringt dies Simone Weil ins Wort: „Der falsche Gott macht

aus dem Leiden Gewalt. Der wahre Gott macht aus der Gewalt Leiden."

Solche Gedanken sind anschlussfähig für moderne Menschen, wenn sie sich die Frage nach dem Sinn ihres Lebens stellen. Viele haben heute Fragen, die in diese Richtung zielen. Wie steht es um die *work-live-balance*? Wer versorgt meine alten Eltern? Überlasse ich meinen Kindern die Folgen des Klimawandels als Bürde? Wie weit bin ich vom *Burnout* entfernt? Im Hintergrund steht die Frage, wer für wen zum *victim* wird, ebenso wer für wen zum *sacrifice* bereit ist, sich also zum Beispiel um die alten Eltern kümmert. Wie bei der Hochzeit ist es eine Frage der Ehre. Also: Ehre ich mich nur selbst und entscheide nur nach meinen Wünschen und Bedürfnissen? Oder bin ich bereit, ein Opfer im Sinne von *sacrifice* zu bringen, wenn die oder der andere zum Opfer als *victim* wird, also seelisch krank, gemobbt, gekündigt? Bei der Hochzeit ist das Versprechen klar: Ich will, dass es dir gutgeht, und bin zum Einsatz bereit.

In ihrem Buch „Das Leiden anderer betrachten" schreibt die amerikanische Philosophin Susan Sonntag: „Solange wir Mitgefühl empfinden, kommen wir uns nicht als Komplizen dessen vor, wodurch das Leiden verursacht wurde." Sie hat in dem Buch ihre frühere Sicht revidiert. Lange war sie der Ansicht, dass die Menschen abstumpfen, wenn sie dem Leid anderer lange zuschauen. Dies ist nicht der Fall, meint sie nun, wenn die Menschen mit dem Leid die Hoffnung auf Erlösung verbinden können, also als Christen auf Christus am Kreuz schauen oder Muslime Allah als den Allerbarmer verehren.

Ich bin ein Fan von Joseph Beuys. Seine Idee der sozialen Wärmeskulptur, an der alle mitwirken können, fasziniert mich. Beuys ist bekannt für seine knappen Worte. So sagt er: „Es gibt kein Bewusstsein ohne Schmerz." Ebenso: „Die Mysterien finden heute auf dem Hauptbahnhof statt." Dabei denke ich an dieses Geschehen vor kurzer Zeit: Ein Obdachloser liegt reglos vor einem Geldautomaten. Drei Menschen steigen über ihn, um den Automaten zu bedienen. Erst die vierte ruft per Handy Hilfe. Die drei ersten wurden durch die Videoüberwachung gefunden und wegen unterlassener Hilfeleistung verurteilt.

Videoüberwachung gab es zu der Zeit Jesu noch nicht. So wird das Handeln des Barmherzigen Samariters, eines Ausländers, nicht in den Sozialen Netzwerken gezeigt. Auch werden die beiden religiösen Menschen, Priester und Levit, von denen Jesus in dem Gleichnis erzählt, nicht entdeckt und nicht verurteilt. Ihr Urteil sprechen sie sich selbst. Die, die per Amt und Beruf zum Mitgefühl verpflichtet sind, versagen völlig, als keiner zuschaut. Sie machen das, was heute viele der Kirche vorwerfen: Sie tun nicht, was sie behaupten. Das ist ehrlos.

Verlierbar

Wie Menschen ihre Ehre verlieren, weil sie sich schutzlos und überflüssig vorkommen, sah ich vor zwei Jahren, als ich das Buch des französischen Philosophen Didier Eribon gelesen habe – in einer Nacht, weil es so spannend ist. Ein Buch, das zugleich biographisch, soziologisch, philosophisch wie politisch ist. Der Philosophieprofessor ist einer der führenden Intellektuellen in Frankreich. Dreißig Jahre hat er seine Mutter nicht besucht, fuhr nicht zur Beerdigung seines Vaters, hat seine Brüder vierzig Jahre lang nicht gesehen. Er kommt aus einer Arbeiterfamilie in Reims, als einziges der Kinder hat er studiert, Philosophie. Die Familienmitglieder wählten früher alle kommunistisch, jetzt alle Le Pen. Eribon ist homosexuell, er konnte sich aus der Homophobie seiner Herkunft lösen und erlebte in Paris die Befreiung als autonomes Individuum. Nun wird ihm klar, dass er die Unterdrückung sexueller Natur überwinden konnte, aber zugleich seine Herkunft verraten hat. Zeitgleich mit seiner persönlichen Befreiung geschah die Erosion der Arbeiterklasse.

Eribon schreibt: „Wer erfüllt heute die Funktion, die damals ‚die Partei‘ innehatte? Von wem dürfen sich die Ausgebeuteten und Schutzlosen heute vertreten und verstanden fühlen? An wen wenden und auf wen stützen sie sich, um politisch und kulturell zu existieren, um Stolz und Selbstachtung zu empfinden, weil sie sich legitim, da von einer Machtinstanz legitimiert fühlen? Oder ganz schlicht: Wer trägt der Tatsache Rechnung, dass sie existieren, dass sie leben, dass sie etwas denken und wollen?" .

Es ist ein hoher Ton, den Eribon anschlägt. Er findet derzeit ein breites Echo. Lässt er doch die Probleme der SPD anklingen, ebenso die Hinwendung der Grünen zu sozialen Fragen. Warum in Deutschland viele AfD wählen, wird nach der Lektüre des Buches auch klarer. Im Hintergrund steht die Frage des Verhältnisses von Freiheit und Gerechtigkeit, von Autonomie und Solidarität.

Didier Eribon bearbeitet die Themen, die auch Papst Franziskus umtreiben. Er vertritt die Schutzlosen und Ausgebeuteten. Als Eribon seine Mutter fragt, warum sie denn wie alle anderen im Wohnviertel statt der Kommunistischen Partei nun Le Pen wähle, antwortet diese, um ihr Leben kümmere sich eh niemand, vielleicht Marine Le Pen auch nicht. Nirgends komme sie vor. Es ist das Gefühl, das Max Raabe in seinem Song auf den Punkt bringt: „Kein Schwein ruft mich an, keine Sau interessiert sich für mich". Niemand erweist den Menschen im alten Arbeiterviertel in Reims die Ehre.

Das Buch von Didier Eribon betrachte ich als Bericht einer Bekehrung. Nach seiner Flucht aus Reims war er der Meinung, die Welt werde besser, wenn jede und jeder nach seinen Bedürfnissen lebe. Nach dem Motto: Wenn jede und jeder sich um sich selbst kümmert und sich entwickelt, ist allen geholfen. Das ist verständlich, denn er erlebte, dass die Kommunistische Partei genauso homophob war wie Teile der Kirche bis heute. Also musste die Freiheit persönlich gelebt werden. Er erkennt, dass er dabei seine Herkunft, seine Familie und auch seine Klasse verraten hat. So findet er zurück zu den Werten der Solidarität, des Zusammenhaltes in der Familie und des Klassenbewusstseins. Die Klasse sind heute nicht mehr nur die Arbeiter*innen, sondern die prekär Beschäftigten der unteren Mittelschicht. Sie waren es, die in gelben Westen in Frankreich ihre Not in die Öffentlichkeit brachten.

Erlebbar

Dass Religion etwas Eigenes und Wichtiges in die Gesellschaften und für die Menschen einbringt, betont Jürgen Habermas. Das kann verschüttet gehen und verdunsten, seine Plausibilität verlieren. Heute empfinden das viele so, die Selbstverständlichkeit des Glaubens schwindet. Holm Tetens sagt daher zu Recht, die Glaubenssache müsse wieder mehr Intellektuelle gewinnen, um dieser Krise zu begegnen. Das ist in unserem *Veedel,* in der Realität von Höhenberg und Vingst nicht die vordringlichste Herausforderung. Woanders schon.

Aber auch für uns bleibt die Aufgabe, die Habermas in „Zwischen Naturalismus und Religion" stellt: Das Potential der Religionsgemeinschaften mache die religiöse Rede bei entsprechenden politischen Fragen zu einem ernsthaften Kandidaten für mögliche Wahrheitsgehalte im gesellschaftlichen und politischen Diskurs, sagt er. Diese Rede müsse dann aus dem Vokabular der Religionsgemeinschaft in eine allgemein zugängliche Sprache übersetzt werden. Dann kommt es: „Ohne eine gelingende Übersetzung besteht aber keine Aussicht, dass der Gehalt religiöser Stimmen in die Agenden und Verhandlungen staatlicher Institutionen Eingang findet und im weiteren politischen Prozess ‚zählt‘."

Natürlich wollen wir verstanden werden! Wie alle. Nicht nur bei staatlichen Institutionen – da aber auch, wenn es zum Beispiel um die Belange unserer Schulen und Kinder geht –, sondern von vielen, klugen und einfachen, Menschen. Welche „Übersetzung" haben wir dafür?

Unsere Fahrradwerkstatt, zum Beispiel. Wie sie funktioniert, habe ich schon berichtet: Menschen spenden ihre meist alten und kaputten Fahrräder, in der Werkstatt werden sie repariert und aufpoliert, dann an Menschen verschenkt, die sie brauchen können und denen es meistens schwer fällt, ein Fahrrad zu kaufen. Und davon „erzählt" die Werkstatt: Von Solidarität, die Besitzer*innen eines Fahrrads mit Mitbürger*innen in ihrem Viertel üben, wenn sie es spenden, sei es noch so alt und schäbig. Von größerer Mobilität, die Menschen durch ein geschenktes Fahrrad gewinnen, von mehr Freiraum für sie, von der Möglichkeit, das gesparte Geld im knappen Haushaltsbudget für etwas anderes einzusetzen, von einem guten Stück Freiheit. Von Kindern, die fröhlich radeln. Von Frauen und Männern, die die Fähigkeiten haben, Kaputtes zu reparieren, und in der Werkstatt eine Arbeit erledigen, die ihnen Spaß macht, die sinnvoll ist und für die ihnen gedankt wird. Vom Syrer, der die Werkstatt leitet und unverzichtbar wurde, Respekt genießt, zufrieden ist, wovon auch seine Familie viel hat … Es mag nützlich sein, dass für Migranten Integrationskurse gesetzlich vorgeschrieben und vom Staat organisiert sind. Was die Fahrradwerkstatt für Menschen gleich welcher Herkunft bei uns im *Veedel* erbringt, kann der Staat nicht in Gesetze und Kurse fassen, schon gar nicht bezahlen.

Dieses „Mehr" ist die Geschichte, die die Werkstatt im Kirchenkeller erzählt. Darin geht es um Menschenwürde, Freiheit, Gemeinschaft, Eigenverantwortlichkeit, Personalität, also um die Ebenbildlichkeit Gottes, um die Ehre, die deshalb den Menschen und Gott gebührt, Opfer, die gut tun, und Gnade „ömesöns", an der alle teilhaben. Auf den Fahrrädern und an den Wänden der Werkstatt stehen keine Bibelsprüche. Die Werkstatt ist auch keine Missionsstrategie, sondern einfach für Menschen da. Wir erzählen natürlich auch mit Worten: In der Kirche kann man unsere religiösen Geschichten hören und in der Zeitung manchmal davon lesen. Die Werkstatt aber erzählt ohne Worte die Geschichte von Menschen und Gott. Sie wird, ganz sicher, von sehr Vielen verstanden. Weil sie sie erleben.

Ehrfürchtig

Ein ganz anderes Thema soll nicht unerwähnt bleiben, wenn es um die Frage der Ehre geht, nämlich die Ehrfurcht. Furcht meint dabei nicht Angst, sondern Respekt. „Ehren" hängt eng mit dem Wort „ehrlich" zusammen; ehrbar oder ehrwürdig ist also der, der ehrlich ist, offen, zugewandt.

Wenn ich die Kirche betrete, mache ich eine Kniebeuge. Aus Ehrfurcht vor dem Allerheiligsten, Christus in Gestalt des Brotes im Tabernakel. Den Kindern bringe ich das bei. Sie finden es spannend, weil es ja auch eine gymnastische Übung ist. Anfangs machen es viele noch recht wackelig. Auch das Weihwasserbecken finden sie interessant, besonders im Vergleich mit dem Reinigungsritus der Muslime beim Betreten der Moschee. Die Schuhe ziehen wir Christen allerdings nicht aus.

Die Rituale und Gesten der Ehrfurcht beteiligen den Körper, denn das religiöse Leben ist nicht allein Sache des Verstandes, sondern des ganzen Menschen aus Fleisch und Blut, Körper und Geist.

Bei den Segnungen von Autos oder Tieren geht es nicht um ein magisches Ritual, sondern um die Ehrfurcht vor der Schöpfung und ihren Gaben. Manchmal kommt es vor, dass Menschen auf der Straße um einen Segen bitten, weil ich als Priester erkennbar bin. Meistens sind das christliche Mitbürgerinnen aus Osteuropa, einige wenige knien sich dabei auch hin. Die Ehre gilt natürlich nicht mir, sondern Gott, für den ich laufe. Christen sind ja laut der Apostelgeschichte die Anhänger des Weges, also dauernd unterwegs mit einem klaren Ziel: in den Himmel zu kommen. Mein Lieblingsgebet ist übrigens seit meiner Kinderzeit sehr kurz: „Lieber Gott, mach mich fromm, dass ich in den Himmel komm." Fromm meint hier nicht nur den Rosenkranz oder das Brevier, das Psalmengebetbuch der Priester, zu beten, sondern zu tun, was Jesus vorschlägt: Kranke besuchen, Hungrige speisen, Nackte bekleiden. Nach dem Wort von Adolf Kolping: „Tätige Liebe heilt alle Wunden, bloße Worte mehren nur den Schmerz."

Ehrfurcht ist zu spüren, wenn bei den Taufen die Paten und Eltern darum bitten, die Kettchen, Anhänger und Kreuze der Kinder zu segnen. Solche scheinbar äußerlichen Handlungen geben Gott die Ehre. Er soll in den gesegneten Dingen anwesend sein, bei den einzelnen Menschen, in den Familien. So einfach dies klingt, so ehrlich ist es.

Aus der Mode gekommen ist leider ein altes Ritual. Bevor die Kinder die Wohnung verließen, machten die Eltern, zumeist die Mutter, den Kindern mit Weihwasser ein Kreuz auf die Stirn. Erst danach rannten sie zur Schule. Mit der Verdunstung dieser Geste sind auch die meisten Weihwasserkesselchen aus den Wohnungen verschwunden. Der Hintergrund dieses Rituals bleibt interessant: Die Familie ist die Hauskirche, der zentrale Ort der Glaubensvermittlung. Hier geben Eltern wie Kinder Gott die Ehre.

21. Tipps

Das sind meine zwölf Tipps, damit Kirche geht:

1. Unser Produkt ist Service.

Die Angebote und Formate in den Gemeinden nutzen den Menschen, materiell wie spirituell. Die Leute stellen die Bedingungen, nicht die Seelsorger*innen.

2. Wer es macht, hat Macht.

Zugang und Teilhabe sind Voraussetzungen der Teilnahme. Dies gilt für Schlüssel wie für Geld. Jede Gruppe entscheidet selbst.

3. Wir sind katholisch.

Wir leben das urkatholische Prinzip des „et – et", sowohl – als auch. Vielfalt ist die Voraussetzung der Einheit. Das spüren wir schon bei unserem dreifaltigen Gott.

4. Die Wahrheit ist symphonisch.

Jeder Beitrag zählt. Wer spült, erfährt die gleiche Achtung wie die oder der Vorsitzende des Pfarrgemeinderates. Hochmut und Dünkel erübrigen sich.

5. Angstmachen gilt nicht.

Zum Glück operiert keiner mehr mit der Höllenangst. Freiheit bedeutet aber auch, dass wir ohne Angst verschieden sein können. Gerade deswegen sind wir kritikfähig.

6. Ökumene ist doppelt so gut und halb so teuer.

Ökumene stärkt die Konfession. Von unseren Geschwistern im Glauben haben wir die Hochschätzung der Bibel gelernt. Sie von uns, wie wichtig auch Rituale und die Vielfalt der Liturgie sind.

7. Wer zu spät kommt, den bestraft das Leben.

Wir passen uns nicht einfach dem Zeitgeist an, wählen aber unsere Worte und Formate so, dass sie die Menschen heute verstehen können. Das ist missionarisch. Vom Guten im Zeitgeist können wir lernen.

8. Option für die Armen.

Wir akzeptieren, dass die Armen die Lieblinge Jesu sind. Wir möchten, dass sie bei uns sind, und gestalten die Aktivitäten möglichst unentgeltlich. Zahlen können gern die Reichen.

9. Handeln ist besser als Reden.

Wir beherzigen das Wort des Heiligen Franziskus an seine Brüder: „Verkündet das Evangelium, notfalls auch mit Worten."

10. Autorität wächst durch Machtverzicht.

Autorität gewinnt man kaum noch durch ein Amt, sie muss erarbeitet werden. Am besten ist es, die Macht zu verteilen und damit die Begabungen vieler zu nutzen.

11. Ausprobieren, reflektieren, weitermachen.

Das alte Prinzip lautet: Sehen, urteilen, handeln. Es wird durch das Neue ergänzt. Denn wer wagt, gewinnt; wer sich nie in Gefahr begibt, kommt darin um. Die Bibel ist voller Geschichten von Menschen, die das Risiko nicht scheuen, beginnend mit Abraham.

12. Ist Gott analog oder digital?

Am Schluss diese Frage. Oder ist er beides? Entscheidend ist wohl, wie und wo Resonanz geschehen kann. Im Gebet, in Liturgie und Diakonie, oder wo zwei oder drei zusammenkommen, vielleicht auch im Internet.

Nachwort

Ein Journalist fragte Mutter Teresa: „Was muss sich in der Kirche ändern?" Die Antwort: „Du und ich." Das ist natürlich Mutter Teresa, aber es ist was dran. Die Kirche ist ein Werkzeug, das den Menschen nützen soll. Sie ist nicht das Ziel der Seelsorge, das Ziel sind die Menschen. Eine Zange soll Nägel rausziehen oder Drähte durchtrennen. Wenn sie beides kann, ist es eine Kombizange.

Die Kirche ist wie ein *leatherman,* ein tolles Multifunktionswerkzeug, das man am Gürtel trägt. Mit Messern, Säge, Zange, Feilen, Schraubendrehern, Dosenöffner, Ahle. Oder wie ein Schweizer Messer. Das hat keine Zange, aber oft eine Schere, Pinzette oder Zahnstocher. Man nimmt das Werkzeug, das man braucht!

So hat die Kirche verschiedene Werkzeuge, je nachdem, was den Menschen nützt. Je nachdem, was die Menschen brauchen. Am Anfang der Pastoralenzyklika des letzten Konzils heißt es: Freude und Hoffnung, Trauer und Angst der Menschen von heute sind unser Ding als Christen, finden Widerhall in unseren Herzen. Freude bringt ein Fest, Hoffnung macht ein Lied. Trösten kann eine Umarmung, Angst bewältigt Gemeinschaft. Verschiedene Werkzeuge.

Auf ein *leatherman,* leider ziemlich teuer, gibt es eine Garantie von 25 Jahren, die auch ohne Vorlage einer Rechnung gilt. Natürlich werden auch nachgemachte billigere Versionen angeboten, aber ohne Garantie. Die Kirche gibt eine Garantie auf Lebenszeit, wenn sie als Werkzeug funktioniert. Und zwar umsonst, nicht *frustra* (vergeblich), sondern *gratis* (geschenkt).

Allerdings nehmen derzeit viele Menschen in Deutschland die Werkzeuge der Kirche nicht in Anspruch. Ist das schlimm? Ein Blick in die Geschichte zeigt, dass es immer auf und ab ging. Als Napoleon ins Rheinland kam, gab es in Köln 73 Klöster. Nach dem Reichsdeputationshauptschluss 1803 waren es noch sechs, 67 waren weg. Es blieben sechs Klöster, die sich um Kranke oder Schüler kümmerten. Die Kölner waren froh, denn die Klöster hatten sich zumeist nicht um die Menschen gekümmert, sondern die Menschen sollten die Klöster unterhalten. Fast jeder Vierte in der Stadt war Mönch oder Nonne. Einfach zu viel.

Viele dachten damals: Das ist das Ende der Kirche. Vom Heiligen Pfarrer von Ars wird erzählt, dass er seine Erste Heilige Kommunion in einem Keller empfangen musste, weil Napoleon es in der Kirche verboten hatte.

Dosis facit venenum, die Menge macht das Gift. Und: *Ne quid nimis,* nicht übertreiben! Die Dosis des Religiösen muss zu den Menschen passen, sie muss verdaulich sein und damit bekömmlich. So machen wir bei uns nach den Erstkommunionfeiern nicht noch eine Dankandacht am Abend und eine Dankmesse am Montag danach. Bei uns ist das einfach zu viel auf einmal für die Kinder, woanders mag es noch passen. Manche recht fromme Eltern von Erstkommunionkindern, die woanders wohnen, erzählen mir, dass sie nicht mit den Kindern zur Dankandacht gingen, weil sie einfach die schöne Familienfeier zu Hause nicht unterbrechen wollten. Bei uns ist die Dankmesse an dem Sonntag, der auf die Erstkommunionfeiern folgt. Danach bieten Jugendliche für die Kinder einen Spielnachmittag an, zu dem die Kinder gerne kommen.

Ein alter Grundsatz der Seelsorge lautet: *traditio et servitio,* Tradition und Dienst. Das erste ist wichtig, weil der Glaube nicht immer wieder neu erfunden werden kann. Das zweite: Die Bibel gibt Zeugnis davon, was Gott für uns tut. Jesus zeigt uns, wie wir einander dienen können.

Wir sind die Werkzeuge, unser Produkt ist Service.

Die Abtei von Monte Cassino wurde 529 von Benedikt von Nursia gegründet. Es ist das Mutterkloster des abendländischen Mönchtums, über dem Klostereingang steht in Stein gehauen: *succisa virescit,* die abgehauene Rebe blüht wieder auf. Wenn schon vor 1500 Jahren klar war, dass es auf und ab, hin und her geht mit der Kirche, so mag uns die Lage heute nicht verdrießen.

Links

Zum Sozialraum und den Vierteln Höhenberg/Vingst in Köln:
www.hoevi.de

Zur Kinderstadt HöVi-Land:
www.hoevi-land.de

Zur katholischen Kirchengemeinde Höhenberg/Vingst:
http://kkg-hoevi.de

Franz Meurer auf „Kirche im WDR":
https://bit.ly/2qVWUVc
oder so: www.kirche-im-wdr.de,
dann auf „Autoren",
dann auf „Franz Meurer"

Das Apostolische Schreiben „Evangelii gaudium"
und die Enzyklika *Laudato si'* von Papst Franziskus stehen
auf den Seiten des Vatikans:
http://w2.vatican.va

„Unsere Hoffnung", das „Glaubensbekenntnis" der Würzburger
Synode von 1975:
https://weltkirche.katholisch.de/
Portals/0/Dokumente/Gemeinsame_
Synode_1975_-_Unsere_Hoffnung.pdf

Run & Ride for Reading, der Verein, der die Lern- und
Lesefähigkeit von Kindern und Jugendlichen durch die

Einrichtung von Leseclubs an Schulen fördert:
https://run-ride.com

Zum Beruf „Fachpraktiker/in für Service in sozialen
Einrichtungen":
http://planet-beruf.de/fileadmin/assets/PDF/BKB/129985.pdf

Dazu gibt es auch ein Video vom Bayerischen Rundfunk:
www.youtube.com/watch?v=8GjSnBzYFvE

Zum Lizenzmodell *Butzoorg* in der Pflege:
www.buurtzorg-in-deutschland.org

Quellennachweise

Wir danken allen Copyrightinhabern, die für diese Publikation
Texte oder Fotos zur Verfügung gestellt haben. Wo Rechteinha-
ber nicht ausfindig gemacht werden konnten, bleiben Honorar-
ansprüche bestehen.

Herzlichen Dank

meinem Lektor Martin Merz für die Unterstützung bei der Fer-
tigstellung dieses Buches.

Franz Meurer